"*Les Impossibles Possibles*"

L'appel du cœur : Une transformation accélérée et joyeuse par la Guérison Quantique

Frauke Kaluzinski & Sandrine Lebay

Les Impossibles Possibles

L'appel du cœur :
Une transformation accélérée et joyeuse
par la Guérison Quantique

Mentions légales:
© 2024 Frauke Kaluzinski; Sandrine Lebay
Mise en page : Daniela Brotsack, www.exlibris-d.de
Couverture : © Ricarda Block, www.rb-artworks.de
Certaines illustrations du livre proviennent de Canva.com
Édition : BoD • Books on Demand GmbH, In de Tarpen 42,
22848 Norderstedt (Allemagne)
Impression : Libri Plureos GmbH, Friedensallee 273,
22763 Hamburg (Allemagne)
ISBN : 978-2-3224-9624-2
Dépôt légal : Octobre 2024

C'est en changeant de perspective que l'on découvre de nouveaux horizons.

Préface

Mon Cœur salue ton Cœur

Permets-moi de t'ouvrir une fenêtre afin que tu puisses mieux comprendre l'univers de ce livre.

Je m'appelle Frauke Kaluzinski, diplômée en sciences sociales, mère de deux fils adultes et exploratrice des mondes intérieurs et extérieurs. Depuis mon plus jeune âge je me suis lancée dans une quête de réponses aux grandes questions de la vie – des réponses qui m'ont profondément touchée et que je désire partager avec toi aujourd'hui.

Je ne me suis jamais contentée de demi-vérités. Lorsqu'une question m'animait je cherchais jusqu'à trouver une réponse qui résonnait vraiment. Cette persévérance m'a conduite au cœur des mystères de la création et de la guérison quantique. J'ai découvert que chacun de nous porte en lui un potentiel infini.

RESONANCE QUANTIQUE, l'entreprise que j'ai fondée, incarne ce mouvement dont je suis l'initiatrice et la racine. J'ai ouvert un espace de recherche et de pratique que j'appelle la Conscience Quantique. Relier les êtres humains et les mondes et insuffler des idées inspirantes, sans attendre d'autorisation préalable, telle est ma vocation. En tant que bâtisseuse de ponts entre la science et la spiritualité, j'ai trouvé une voie pour harmoniser les découvertes de la philosophie quantique avec la spiritualité et les traduire en applications concrètes : la Méthode des 2 Points ou M2P.

Ce livre est une œuvre collective. Aux côtés de Sandrine Lebay, spécialisée en Communication Animale avec la M2P, et d'autres "fées" de RESONANCE QUANTIQUE, nous avons réuni nos expériences et inspirations, issues de nombreuses années de pratique, pour explorer ces "Impossibles Possibles" qui aujourd'hui deviennent notre réalité.

À propos de Frauke Kaluzinski :

- Fondatrice de RESONANCE QUANTIQUE (2012) : Institut de formation en guérison quantique.

- Développement de formations en ligne internationales : Méthode des 2 Points en allemand, anglais et français.

- Conférences et séminaires internationaux : événements en Europe, Afrique, Canada et Polynésie française.

- Auteure de plusieurs livres et articles spécialisés sur la guérison quantique.

- Visionnaire de la recherche en Conscience Quantique appliquée : connexion entre philosophie quantique et spiritualité.

- Initiatrice d'une chaîne YouTube : plus de 500 vidéos en 4 langues ainsi que des interviews radio sur la Méthode des 2 Points et développement d'une communauté internationale.

- Développement de méthodes pédagogiques innovantes : extension continue des modules et contenus de la Méthode des 2 Points.

Table des matières

1. Un Voyage au Cœur de notre Pouvoir Créateur — 13
2. Les Deux Champs de Perception et le Chemin vers la Conscience Quantique — 16
3. La Philosophie Quantique et la Spiritualité — 21
4. Exercice Pratique pour l'Ouverture du Champ des Possibles — 25
5. D'où vient la Méthode des 2 Points ? — 28
6. Et ma Vie fit un Saut Quantique… ou plutôt, le Voyage du Héros a commencé ! — 30
7. Méthode des 2 Points – Liberté et Créativité – Giovanni — 34
   LES 3 CHAMANES — *38*
8. Méthode des 2 Points et Chamanisme — 44
9. Tout est Résonance — 47
   Résonance dans la Musique — *47*
   Résonance ou bien Conscience Corporelle — *47*
   Résonance dans la Société — *48*
   Résonance avec la Nature — *48*
   Résonance dans la Spiritualité – "Étincelle Divine" — *49*
   Résonance "La Variante Optimale" — *49*
10. Et si la Variante Optimale était toujours là ? Corinne — 51
11. Espace de Vibration – Espace de Vie — 61
12. Activation et Intégration de la Variante Optimale — 63
13. Les Perceptions Corporelles pour une Conscience élargie — 66
14. Les Soins Holistiques de Frauke — 68
15. Une Graine se Déploie – Pensées Divines – Étincelles Divines — 73
16. Ma Rencontre avec la Méthode des 2 Points — 76
17. Formation 1 via ZOOM – Module "Le Point Zéro" — 81

18.	Ma Connexion avec le Champ : Plongez dans mon Monde Enchanté	83
19.	Retrouver son Âme d'Enfant – Module M2P	86
20.	Le Peuple des Vers Luisants ou Lucioles	88
21.	Retrouvez vos Capacités Télépathiques pour Communiquer	91
22.	La Visualisation Quantique	93
23.	Les Bulles de Bien-Être par Sandrine	95
24.	Exercice Pratique pour créer un Pont de Lumière	100
25.	Comment peut-on créer un Monde Parallèle, une Bulle de Bien-Être, où nous pouvons nous rendre Humains comme Animaux ?	103
26.	La Communication Animale et la M2P : Misty, le Miracle de Noël	104
27.	Minouch, le Péché de Gourmandise	110
28.	Module M2P : Les Fleurs de Bach de Sigrid	116
29.	Remote Viewing	118
	Communication et soin avec Vasco du Léman	*120*
	Remote Viewing et Méthode des 2 Points : transcender les limites de la perception habituelle	*121*
30.	La Méthode des 2 Points et la Communication Animale : Nickie et Amandine	123
31.	Des Vacances Réussies	127
	Speedy et le voyage en voiture	*127*
	Myla et la maison hantée	*129*
32.	La Conscience Quantique implique un nouveau Regard sur la Création de notre Réalité	133
33.	Dépasser nos Croyances limitantes avec la M2P	136
	Le petit âne Lélou et la maladie de la fourbure	*136*
34.	L'Âme Collective des Animaux d'après Rudolf Steiner	139

35. La Conscience Holistique et la M2P se font entendre lors de l'Invasion de petits Insectes	142
Situation initiale	*142*
Application M2P avec Marie-José du 6 juin 2022	*145*
Communication Animale avec l'âme de groupe des punaises de son du 7 juin 2022	*146*
Soin M2P pour les punaises de son	*147*
Communication Animale avec l'âme de groupe des punaises de son du 11 juin 2022	*148*
Application M2P avec Marie-José du 12 juin 2022	*149*
Séance Zoom Frauke – Sandrine – Marie-José du 13 juin 2022	*150*
Le nettoyage du Bâtiment de stockage	*151*
Communication Animale avec l'âme de groupe des punaises de son du 15 juin 2022	*152*
36. Qu'est-ce que le Ho'oponopono ?	155
37. La Relation entre l'Homme et l'Animal : L'Effet Miroir	158
38. Mawa et Renaud : De la Dominance Alpha à la Sérénité partagée	161
39. Les Soins Holistiques pour les Personnes et les Animaux – Tartine et Yann	164
40. Les Ondes Cérébrales : Un Voyage dans la Multidimensionnalité	172
41. Iberico et Laeticia : Un Voyage à travers l'Amour, la Perte et l'Espoir	177
42. Eclair et Milo : La Peur de l'Abandon	182
43. Créer et Dissoudre en Temps voulu	192
44. Nelson – De l'autre Côté…	193
45. De Cœur à Cœur, Merci Frauke	196
46. Les Bulles de Bien-Être à l'École	198
Voyage d'hiver avec les chiens de traîneaux	*201*
Rencontre avec les cerfs en forêt en automne	*202*
Dragons des océans, dragons des airs	*203*

47. Merci Sandrine, Merci de tout Cœur !! 207
    La Lumière Intérieure 208
48. LUNI – Une Chenille qui ne voulait pas
    devenir Papillon – Élise 209
49. Notre Peur la plus profonde est que nous sommes
    puissants au-delà de toute Limite 224
50. Éclairer les Mystères des
    Biophotons : Une Exploration de la Vie et
    de la Lumière 226
51. "Siddhartha" de Hermann Hesse 236
52. L'élimination des Énergies Étrangères du Corps :
    une Perspective Holistique 238
53. Mots d'encouragement pour un nouveau départ 241
54. Ensemble dans le Sanctuaire du Cœur 243
55. Un immense merci aussi à Carla, notre
    précieuse réviseuse 245
56. L'Appel de la Lumière : Éveillez et Transformez
    votre Monde Intérieur 246
    Le conte des 4 étoiles et des 4 épées de lumière – Anémone 247
    Module M2P : Application du conte des
    4 étoiles et des 4 épées de lumière 253
57. Les Stages et les Formations pour aller plus loin :
    Une Expérience Transformatrice ! 255
58. Frauke et RESONANCE QUANTIQUE 258
    Qui suis-je ? 258
59. Biographies des Personnalités marquantes
    citées dans ce livre 261

Explications des symboles

   Texte de Frauke

   Texte de Sandrine

   Invitation à la pratique

   Frauke et Sandrine

1. Un Voyage au Cœur de notre Pouvoir Créateur

"L'intention est à l'origine de chaque création."

"C'est toi qui donnes du sens et de la signification aux choses."

Ces mots simples et profonds, issus de la philosophie quantique, résument l'essence de l'ouvrage "Les Impossibles Possibles". Ce livre t'invite à plonger dans un univers fascinant où la philosophie quantique et la spiritualité se rencontrent pour transformer ta perception du monde. Il t'encourage à embrasser ton rôle de co-créateur de ta réalité, à assumer ta responsabilité, ouvrant ainsi la voie à la guérison et te faisant passer de l'illusion à l'illumination.

Avec l'émerveillement d'un enfant, libre et curieux, qui joue dans un grand bac à sable[1], tu es invité à explorer l'espace quantique, cet espace d'énergie libre où tout devient possible. "Les Impossibles Possibles" ouvre de nouveaux horizons, bien au-delà des limites de la science moderne, en montrant comment les principes de la physique quantique et l'influence de la conscience humaine peuvent façonner la réalité avec une méthode simple. Ce livre ne se contente pas de théoriser sur ce qui pourrait être possible mais t'invite à découvrir par toi-même ce qui est réellement accessible grâce à des récits captivants et des exercices pratiques.

La Méthode des 2 Points (M2P), une approche informationnelle[2], vise à entrer en résonance avec le plan divin originel. Elle utilise notre corps comme un organe de résonance, guidé par nos intentions dans le champ quantique. La pra-

---
1 Jouant dans un grand bac à sable, selon l'expression de Frauke
2 La Méthode des 2 Points (M2P) n'est pas une méthode énergétique, mais une méthode informationnelle. Elle réunit des champs d'information séparés dans la conscience, de sorte que les énergies puissent mieux circuler grâce à un élargissement de la conscience et à l'intégration de plus d'informations.

tique commence souvent par la dissolution de blocages et de programmes artificiels ainsi que par la transformation de croyances limitantes. Cela permet ensuite de retrouver le plan de base[3], préservé dans l'étincelle divine et de réorganiser notre réalité de manière plus harmonieuse. Ce processus ouvre la voie à de véritables créations nouvelles. "Les Impossibles Possibles" montre comment tu peux transformer activement ta réalité en abandonnant les anciens schémas de croyance pour explorer les potentiels infinis qui sommeillent en toi.

Frauke Kaluzinski, diplômée en sciences sociales et fondatrice de RESONANCE QUANTIQUE[4], joue un rôle central dans cette exploration. Son engagement profond et son audace créative ont permis de créer un espace unique, dédié à la Conscience Quantique. Cette pratique transcende les frontières. Elle explore ici la transformation personnelle en se connectant à la connaissance du cœur, à la SOURCE originelle, à la lumière cohérente qu'elle appelle "La Force Christique".

Sandrine Lebay est praticienne et formatrice de la Méthode des 2 Points, passionnée par la Communication Animale. En véritable fée quantique, elle utilise sa baguette magique avec confiance et joie, innovant chaque jour grâce à de nouvelles manières de jouer dans le champ quantique.

---

3   Dans ce contexte, retrouver ce plan de base signifie se reconnecter avec cette structure originelle parfaite. Cela permet de réorganiser notre réalité en alignement avec cet ordre fondamental, ouvrant ainsi la voie à des créations nouvelles et plus harmonieuses, basées sur cet état initial de pureté et d'équilibre.

4   RESONANCE QUANTIQUE, fondée en 2012 par Frauke Kaluzinski, est un institut de formation en guérison quantique. Ensemble, nous découvrons les perspectives fascinantes de la philosophie quantique et de la spiritualité, que nous appliquons dans la pratique quotidienne. Nous proposons des formations en allemand, français et anglais. Bienvenue pour explorer ces concepts innovants et croître ensemble.

En plus des formations qu'elle donne, elle enseigne la musique au collège où elle propose aussi des méditations guidées et des exercices de détente pour aider les élèves à se reconnecter à leurs sens intérieurs, à lâcher prise et à explorer leur créativité.

Ce livre t'invite à réveiller ta multidimensionnalité. Il s'agit de laisser la lumière du cœur et la sagesse divine s'exprimer à travers toi. "Les Impossibles Possibles" est un guide vers une nouvelle compréhension de toi-même et du monde qui t'entoure. C'est une invitation à libérer tes pouvoirs créatifs et à créer une vie remplie de joie, d'autonomie, d'authenticité et de sens, guidés par cette boussole intérieure connectée au tout.

Es-tu prêt à explorer les Impossibles Possibles ?

Plonge dans cette aventure à travers des histoires inspirantes et des contes captivants de personnes qui vivent déjà dans cet univers quantique et découvre la puissance de la création qui t'attend à chaque instant !

2. Les Deux Champs de Perception et le Chemin vers la Conscience Quantique

Plongeons maintenant dans l'exploration envoûtante de nos deux champs de perception, là où nos sens extérieurs se mêlent aux murmures subtils de nos perceptions intérieures, et au-delà de toute sensorialité – on peut parler de "septième sens".

C'est ici que débute le voyage vers la Conscience Quantique, où chaque pas devient une porte vers de nouveaux horizons, où l'aventure ne fait que commencer, et où les possibilités semblent infinies alors que nous nous ouvrons à ce monde mystérieux.

La Méthode des 2 Points est un intermédiaire entre l'esprit et notre vie dans la matière, un véhicule pour l'âme, nous permettant de naviguer à travers les dimensions de l'existence. Elle nous permet de manifester notre potentiel le plus profond dans le monde tangible, offrant ainsi une magnifique opportunité de transformation.

Le Premier Champ de Perception : Le Monde Extérieur Visible

Le premier champ de perception comprend le monde que nous percevons avec nos sens externes. Cela inclut tout ce que nous pouvons voir, entendre, sentir, goûter et toucher. C'est le monde des arbres, des animaux, des humains, des montagnes, des rivières et de tous les objets qui nous entourent. Nous vivons cette réalité quotidiennement et elle est remplie de couleurs, de sons et d'odeurs. Tout ce que nous pouvons percevoir directement appartient à ce champ.

Dans ce monde visible, il existe de nombreuses règles et lois qui régissent tout ce qui nous entoure. Par exemple, nous savons que les pommes tombent des arbres, que l'eau est liquide et que le soleil se lève chaque matin. Ces lois naturelles sont étudiées (ou bien proposées 😉) par les scientifiques pour comprendre comment fonctionnent les choses. La gravité, qui explique pourquoi les objets tombent, et la photosynthèse, qui explique comment les plantes produisent de la nourriture à partir de la lumière du soleil, sont des exemples de ces règles.

Le Deuxième Champ de Perception : Le Monde Subtil et Invisible

Le deuxième champ de perception se réfère à un monde que nous ne pouvons pas percevoir avec nos sens externes. Il est invisible et comprend les pensées, les sentiments, les rêves et d'autres expériences intérieures. Des phénomènes tels que l'amour et l'amitié appartiennent également à ce monde invisible.

Bien que nous ne puissions pas voir ce monde, nous savons qu'il existe. Par exemple, nous ne pouvons pas voir l'amour mais nous le ressentons lorsque quelqu'un nous serre dans ses bras ou nous traite avec gentillesse. Les pensées sont également invisibles, elles nous accompagnent constamment. Les émotions comme la joie, la tristesse ou la colère ne sont pas visibles mais elles ont un grand impact sur notre vie.

Dans le monde subtil et invisible, il existe aussi des règles et des principes qui diffèrent de ceux du monde visible. Ces règles sont plus difficiles à comprendre car nous ne pouvons pas les voir ou les mesurer directement. Souvent, les gens parlent d'énergie ou de vibration lorsqu'ils se réfèrent à ce monde invisible. C'est comme un réseau invisible qui relie tout. Nous savons que nos pensées et nos sentiments sont une sorte d'énergie qui agit dans ce monde invisible.

Comment les Deux Champs de Perception Travaillent Ensemble

Bien que ces deux champs de perception soient différents, ils agissent de concert. Le monde visible et le monde invisible s'influencent mutuellement. Par exemple, si tu es triste (un sentiment du monde invisible), tu peux pleurer (une réaction dans le monde visible). Si quelqu'un te fait un beau cadeau (monde visible), tu te sens heureux (monde invisible).

Cette synergie nous montre que notre expérience intérieure et les événements extérieurs sont étroitement liés. Nos pensées et nos sentiments peuvent influencer nos actions, et inversement, les choses qui nous arrivent peuvent changer nos pensées et nos sentiments.

Le Chemin vers la Conscience Quantique

Le prochain pas dans notre compréhension du monde et de nous-mêmes nous mène à la Conscience Quantique. Il s'agit d'une extension de notre perception qui intègre les principes de la physique quantique dans notre vie quotidienne. La physique quantique est la science qui étudie comment fonctionnent les plus petites particules de l'univers, et a fait des découvertes étonnantes qui ont révolutionné notre compréhension de la réalité.

Tout est Énergie, Lumière et Information

La physique quantique nous enseigne que tout dans l'univers est constitué d'énergie et que cette énergie contient des informations. La lumière joue un rôle central car elle est à la fois une forme d'énergie et porteuse d'informations. Cela signifie que tout est interconnecté et que nos pensées et nos sentiments peuvent réellement influencer la réalité qui nous entoure. Lorsque nous comprenons cela, nous reconnaissons que nous sommes des co-créateurs actifs de notre monde.

La lumière n'est pas seulement ce que nous pouvons voir avec nos yeux. Elle comprend également toute la radiation électromagnétique, des ondes radio aux rayons gamma. En physique quantique, la lumière est décrite comme des photons, qui possèdent à la fois des propriétés ondulatoires et corpusculaires[5]. Ces photons transportent de l'énergie et des informations à travers l'univers, formant ainsi un pont entre le monde visible et le monde invisible.

Le Pouvoir de l'Observateur

Une découverte importante en physique quantique est que l'observateur peut influencer la réalité. Cela signifie que l'acte d'observer ou de mesurer un système quantique modifie son état. Par exemple dans l'expérience de la double fente, la présence d'un observateur modifie le comportement des particules, qui se manifestent alors comme des particules plutôt que comme des ondes. Ainsi nos pensées et nos intentions peuvent influencer la manière dont les événements se traduisent dans notre vie, révélant ainsi un important pouvoir créatif.

La Connexion de Toute Chose

La physique quantique montre également que tout dans l'univers est connecté, même lorsque les choses sont physiquement séparées. Cette "non-localité" signifie que nos pensées et nos actions peuvent avoir des effets à distance. Cela souligne la responsabilité que nous avons envers nos pensées et nos actions car elles peuvent avoir des impacts profonds sur notre vie.

---

5   Vous pouvez découvrir comment la lumière se comporte à la fois comme une onde et une particule, en fonction du processus de mesure et de l'observateur. Pour approfondir votre compréhension des principes quantiques tels que la double fente et l'intrication, regardez cette vidéo explicative. Dr Quantum double fente et intrication : https://www.youtube.com/watch?v=Q-KRSGQvr6U

Application de la Conscience Quantique

En intégrant la Conscience Quantique dans notre vie, nous pouvons agir de manière plus consciente et puissante. Nous apprenons à utiliser nos sens intérieurs pour explorer le monde invisible et façonner activement notre réalité. Cela nécessite une décision consciente de changer notre façon de voir le monde et d'interagir avec lui.

Lorsque nous commençons à comprendre et à appliquer les principes de la Conscience Quantique, nous réalisons que nous ne sommes pas seulement des observateurs passifs de notre vie mais des créateurs actifs. Cela ouvre des possibilités infinies et nous aide à mener une vie plus épanouie et consciente.

Conclusion

La reconnaissance et l'utilisation des deux champs de perception – le monde extérieur visible et le monde subtil invisible – ainsi que l'intégration de la Conscience Quantique dans notre vie nous aident à réaliser notre plein potentiel. Nous pouvons ainsi vivre de manière plus attentive, plus créative et plus puissante et façonner en profondeur la réalité qui nous entoure.

La Méthode des 2 Points est un outil, ou plutôt un véhicule, qui nous transporte directement et simplement dans la Conscience Quantique. Pose ton attention sur deux (d'où le nom Méthode des "Deux Points" – M2P) – trois ou plusieurs points simultanément et ouvre ainsi l'espace des possibilités infinies pour agir de manière libre, guidé par le cœur. Dans cette nouvelle compréhension résident la véritable magie et le potentiel de transformer notre vie et le monde.

3. La Philosophie Quantique et la Spiritualité

Il est temps de parler des possibilités apparemment "impossibles" qui nous entourent. Considérons les photons de lumière, ces minuscules particules quantiques qui comprennent notre langage, saisissent nos pensées – oui – et surtout nos émotions en un clin d'œil. Cette compréhension, qui n'est pas seulement intellectuelle mais vécue au quotidien, nous ouvre les portes d'un univers de merveilles. Ces merveilles ne sont cependant pas si mystérieuses dès que nous comprenons leur nature.

Les sceptiques vont s'indigner : "Épargnez-nous vos discours ésotériques, laissez de côté les termes scientifiques de la physique quantique !" Après une conférence à laquelle j'ai assisté, intitulée "La mécanique quantique pour les profanes", j'ai demandé au physicien conférencier s'il avait déjà établi un lien entre sa compréhension de la physique quantique et l'influence de la conscience humaine. Son "non !" catégorique m'a laissée perplexe.

Heureusement, nous sommes en bonne compagnie avec des penseurs tels que David Bohm[6], Nassim Haramein[7], le Prof. Dr Hans-Peter Dürr[8], et aussi le Dalaï-Lama, qui considèrent tous comme naturelle la connexion entre la physique quantique et la spiritualité.

---

6   **David Bohm** *(1917–1992). Physicien et penseur original américain, il a apporté des contributions essentielles à la physique quantique, notamment sa Théorie de l'Ordre Implicite. Pour en savoir plus, voir page 271.*
7   **Nassim Haramein** *(né à Genève en 1962). Chercheur interdisciplinaire et physicien autodidacte, pionnier de la physique quantique et auteur de la Théorie du Champ Unifié, il cherche à unifier toutes les forces fondamentales de la nature dans un seul cadre théorique. Pour en savoir plus, voir page 261.*
8   **Hans-Peter Dürr** *[1929–2014]. Physicien allemand spécialisé en physique quantique et essentiellement transdisciplinaire, son approche holistique de la pensée, du sentiment et de l'action, ainsi que son activisme en faveur de la paix et de l'environnement, en font une figure emblématique de notre temps. Pour en savoir plus, voir page 269.*

Pour le Dalaï-Lama[9], chaque atome de notre corps fait partie du tissu ancien dont l'univers était composé. Nous sommes de la poussière d'étoiles, biologiquement tissés avec toutes les formes de vie, des êtres faits d'énergie invisible et vibrante, connectés à tout ce qui existe.

Dans les enseignements du Prof. Dr Hans-Peter Dürr, physicien allemand renommé, nous trouvons des perspectives interdisciplinaires inédites. Ses réflexions sur le rôle de la conscience dans la création de la réalité ont révolutionné notre perception des lois naturelles. Le Dr Dürr montre que notre observation influence effectivement les lois de la nature, un concept longtemps ignoré par la physique traditionnelle. Ses travaux en physique quantique et l'accent qu'il met sur la conscience qui participe activement à la réalité, ont profondément modifié notre conception de la façon dont l'univers fonctionne.

Nassim Haramein, un physicien autodidacte visionnaire qui, tout comme David Bohm et Hans-Peter Dürr, a développé une approche interdisciplinaire, nous offre une perspective encore plus vaste sur l'univers. Grâce à ses travaux révolutionnaires sur les trous noirs et la structure de l'espace, il a bouleversé nos idées sur le fonctionnement du cosmos.

Selon Haramein, les trous noirs ne sont pas simplement de pures formations gravitationnelles comme on les considère traditionnellement. Ses recherches et ses théories suggèrent que les trous noirs sont bien plus que de simples "trous d'aspiration" dans l'espace. Il les considère plutôt comme des éléments fondamentaux et intégraux de l'univers qui ont une signification beaucoup plus profonde. Haramein suggère que les trous noirs ne se contentent pas d'absorber la

---

9 **Sa Sainteté le XIVe Dalaï-Lama du Tibet**, Tenzin Gyatzo (Océan de Sagesse) (né en 1935), est le chef spirituel du Tibet, exilé en Inde depuis 1959, où il vit à Dharamsala. https://fr.dalailama.com/

matière et l'énergie mais qu'ils jouent également un rôle dans la création et l'organisation de la matière.

Son travail indique que les trous noirs sont à l'origine de la formation des galaxies et des étoiles. Au lieu de simplement absorber la matière, ils pourraient l'éjecter sous forme de "trous blancs ", qui serviraient de sources de nouvelle matière et d'énergie. Cette vision va à l'encontre des idées reçues sur les trous noirs et ouvre de nouvelles perspectives pour la compréhension de l'univers.

David Bohm, l'un des premiers physiciens, penseurs et observateurs engagés, a été parmi les premiers à aborder des questions et des thèses plus larges en mécanique quantique. Ses travaux sur le lien entre la dualité onde-particule et l'ordre implicite dans l'univers ont ouvert de nouveaux horizons. Bohm considérait que le monde visible n'est que la pointe de l'iceberg et qu'il existe derrière les apparences de hasard et de désordre un ordre plus profond et caché. Sa théorie de l'ordre implicite[10] a étendu notre compréhension de l'espace, du temps et de la conscience et montre que le monde qui nous entoure est bien plus complexe que tout ce que nous avons imaginé.

Les idées de Nassim Haramein et de David Bohm nous conduisent à une nouvelle perception de l'univers et de notre rôle en son sein. Elles nous rappellent que les limites de notre connaissance ne sont créées que par notre imagination et que la vérité se trouve souvent au-delà de ce que nos sens peuvent appréhender. Leurs travaux novateurs nous encouragent à être ouverts à de nouvelles idées et à regarder le monde avec une conscience élargie.

Dans ce cosmos merveilleux des possibilités, une nouvelle dimension de l'être se révèle, une symbiose entre science et spiritualité qui nous encourage à repousser les limites du pensable et à rendre l'impossible possible.

---

10 Pour plus de détails sur la théorie de l'Ordre Implicite, consulter la courte biographie de David Bohm page 271.

Je tiens tout particulièrement à exprimer ma profonde gratitude au Dr Ulrich Warnke[11], dont l'ouvrage *"Quantenphilosophie und Spiritualität*[12]*"* jette un pont entre la science et l'esprit. Lors d'un symposium portant le même titre, il a ouvert mes yeux et mon cœur à cette perspective. Ses profondes révélations et la connexion qu'il établit entre la physique quantique et la spiritualité m'ont inspirée à voir le monde d'un œil nouveau et à repousser les limites du possible.

Des nuits blanches, des recherches sur Internet et la connaissance inspirée, téléchargée directement depuis l'éther, ont suivi, et après seulement un an, mon livre *"Reconnaître les Espaces Quantiques"*[13] a vu le jour. C'était tout simplement le bon moment – le moment opportun – et c'était dans l'air, car quelques semaines seulement après ce symposium qui a bouleversé ma vie, j'ai découvert la Méthode des 2 Points, qui avait déjà fait son chemin de l'Amérique vers l'Europe et l'Allemagne.

---

11 **Ulrich Warnke** *(né en 1945). Après des études en biologie, physique, géographie et pédagogie, il a enseigné la biomédecine, la médecine environnementale et la biophysique à l'Université de la Sarre. Pour plus d'informations sur la biographie de cet exceptionnel scientifique de la vie, voir page 264.*
12 *"Philosophie Quantique et Spiritualité", ouvrage en allemand, non traduit en français à ce jour.*
13 *"Reconnaître les Espaces Quantiques" (2012) Frauke Kaluzinski, ISBN 978-2-8106-2511-6*

Pratique 1 :

4. Exercice Pratique pour l'Ouverture du Champ des Possibles

La théorie, c'est bien, mais les expériences pratiques sont plus consistantes. Nous pouvons vous raconter beaucoup de choses mais si vous ne pouvez pas faire vos propres expériences avec les contenus décrits dans ce livre, vous pourriez facilement vous dire : "Bon, tout cela est peut-être possible" ou bien "Waouh, quel charabia ésotérique ! Ce n'est pas scientifique !". Nous vous invitons donc à faire directement cet exercice, que nous pratiquons au début de chaque formation de la Méthode des 2 Points.

Pour faire vos premiers grands pas vers une Conscience Quantique active, il vous suffit de simplement suivre les instructions du protocole suivant :

a. Tendez votre main droite : Tenez-la devant vous, paume ouverte vers le haut, et ressentez-la. Pendant environ une minute, prenez conscience de tout ce que vous pouvez percevoir dans votre main, sur votre main et autour de votre main... De la chaleur, du froid, des picotements, de la lourdeur, de la légèreté, rien... ? Peu importe, tout est juste.

b. Ramenez votre main droite et mettez votre main gauche dans le champ[14]. Ressentez-la également pendant environ une minute. Prenez à nouveau conscience... Les sensations sont-elles identiques ou différentes ? Vous pouvez aussi écrire ce que vous ressentez.

c. Maintenant, mettez vos deux mains en même temps dans le champ, à environ 30 à 50 cm l'une de l'autre, les paumes se faisant face.

---

14 Dans ce contexte, cela signifie simplement que tu dois mettre tes mains devant toi.

d. Ressentez vos deux mains simultanément. Votre conscience se trouve maintenant à deux endroits à la fois. Vous ne fixez plus une seule réalité à un endroit mais votre conscience se trouve à deux endroits en même temps. Cela vous permet de passer automatiquement de l'hémisphère gauche du cerveau à l'hémisphère droit (perception holistique, intuitive, etc.). La particule de réalité devient une onde de variantes. Avec cet exercice si simple, vous ouvrez déjà le champ de la Conscience Quantique.

Même si tout cela ne vous dit pas grand-chose pour l'instant, parce que les lois de la mécanique quantique ne vous sont pas familières ou parce que vous les interprétez différemment, laissez-vous simplement emporter par ce petit exercice.

L'appellation "Méthode des 2 Points" repose justement sur ce ressenti simultané des deux mains ou de deux endroits différents.

Nous ne vous demandons rien de plus que de ressentir vos deux mains en même temps, donc de percevoir activement avec votre attention ce que les sensations apportent à votre conscience. Ressentez ! Ressentez les deux mains en même temps. Respirez calmement et détendez-vous. C'est un exercice très simple. Que ressentez-vous dans vos mains et entre vos mains ? Ramenez-les légèrement l'une vers l'autre puis éloignez-les à nouveau. Ressentez-vous quelque chose entre vos mains ? Y a-t-il une "relation invisible" entre vos mains ? Une force d'attraction ou de répulsion ? Peut-être réussissez-vous déjà à percevoir quelque chose de "l'invisible" ? Certaines personnes disent qu'elles ressentent une sorte de boule d'énergie entre leurs mains, qui devient de plus en plus ferme à mesure qu'elles rapprochent leurs mains. Faites vos propres expériences. Si vous le souhaitez, notez vos sensations. Vous commencez à vous déplacer entre les deux champs de perception – visible et invisible – mentionnés précédemment. Prenez le temps pour cet exercice – environ 4 à 5 minutes. Observez aussi ce qui se passe dans tout votre corps pendant cet exercice. Comment est votre regard lorsque vos yeux sont ouverts et que vous concentrez principalement votre attention sur vos deux mains ? Comment vous sentez-vous en général ?

Ressentez vos deux mains simultanément !!!

Si c'est intéressant, continuez à expérimenter pendant 10 à 20 minutes. Par exemple, tenez votre genou entre les deux mains et observez s'il y a des changements. Bien, très bien ! C'est un exercice fondamental pour ouvrir la voie vers un autre langage, le langage corporel.

Fantastique ! Ok, exercice terminé

Réfléchissez... Pendant ce temps d'observation et d'expérimentation, avez-vous pensé à vos autres préoccupations du quotidien ? Les carrousels dans votre tête ont-ils tourné à propos de ceci ou de cela ? NON ? Bingo ! Nous avons accordé une petite pause à notre bavardage mental, en d'autres termes nous avons mis de côté l'EGO jugeant et omniscient pendant un moment. Merci. Hmmm, ça fait tellement de bien quand il y a enfin du calme dans la tête. On ne peut probablement pas assez souligner à quel point ce petit exercice est révolutionnaire et offre de nouvelles perspectives, et quelle énorme porte s'est ouverte avec un si léger changement de notre attention portée sur 2, 3 ou plusieurs endroits en même temps.

5. D'où vient la Méthode des 2 Points ?

La Méthode des 2 Points, également connue sous le nom de "Guérison Quantique", est une technique de conscience reliée à la source de toute création. Cette méthode et cette approche trouvent leurs origines dans différentes traditions culturelles et spirituelles. L'une des origines de cette méthode réside dans les enseignements du HUNA. Le HUNA, un enseignement chamanique ancestral, trouve ses racines dans une tradition vieille de près de 5000 ans, émergeant principalement à Hawaï mais aussi dans d'autres états polynésiens où elle s'est répandue. Traduit librement, HUNA signifie "connaissance secrète", explorant la nature divine de l'homme et sa relation avec l'univers.

Les chamans HUNA croient en la puissance de l'intention et de la connexion avec les courants énergétiques universels pour provoquer la guérison aux niveaux physique, émotionnel et spirituel.

Un aspect significatif de la Méthode des 2 Points est sa connexion avec les enseignements et les guérisons de Jésus-Christ. Dans les Évangiles du Nouveau Testament, on trouve des récits sur la capacité de Jésus à guérir les maladies et à transformer les gens. De nombreux praticiens de la Méthode des 2 Points – y compris les auteurs de ce livre – considèrent cette pratique comme une interprétation moderne et une continuation de ces anciennes traditions de guérison.

Richard Bartlett[15] et Frank Kinslow[16], deux chiropracteurs et enseignants contemporains, ont contribué à populariser

---

15 **Richard Bartlett** ("né en 1954). Chiropracteur et naturopathe américain, il a développé et enseigne une méthode de soins révolutionnaire basée sur la science des énergies subtiles et de la physique quantique : Matrix Energetics. Pour en savoir plus sur sa biographie et sa méthode, voir page 262.

16 **Dr Frank J. Kinslow** (né en 1946). Chiropracteur américain, il a développé et enseigne depuis plus de 50 ans des techniques de guérison et de bonheur

ces "2 Points". Richard Bartlett a développé la méthode *Matrix Energetics*, basée sur des principes similaires à ceux de la Méthode des 2 Points, qui se concentre sur la création de changements dans le champ énergétique d'une personne. Frank Kinslow est connu pour ses techniques de guérison quantique, reposant sur l'idée du silence intérieur et de l'accès à un état de profonde relaxation et de non-dualité (*"Eufeeling"*).

Globalement, la Méthode des 2 Points puise ses racines dans différentes traditions spirituelles et dans des approches modernes telles que la mécanique quantique. Elle repose principalement sur l'activation du champ source dans le cœur, qui conduit à la restauration d'un ordre originel. Nous connaissons la puissance et la sagesse du cœur – dans nos séminaires et vidéos, nous parlons de "l'étincelle divine" ou de "la semence christique" qui seule permet le retour de notre monde chaotique et des drames émotionnels à un ordre supérieur et originel. La Méthode des 2 Points réunit des concepts de connexion, d'intention et de changement de conscience pour permettre la guérison et la croissance à tous les niveaux de l'être.

---

basées sur la spiritualité orientale et la physique quantique. Pour en savoir plus sur sa biographie et ses enseignements, voir page 266.

6. Et ma Vie fit un Saut Quantique... ou plutôt, le Voyage du Héros a commencé !

Il y avait assez de matière pour changer complètement le cours de ma vie. En moi est née la certitude d'avoir trouvé une autre clé pour la vraie vie. Avec toute ma force, ma soif de recherche insatiable et un désir de connaissance qui ne m'ont jamais quittée jusqu'à aujourd'hui, je me suis lancée. Du jour au lendemain, la Méthode des 2 Points est devenue en quelque sorte mon nouveau véhicule, un instrument de mouvement qui me ramène à moi-même, à un ÊTRE bien plus grand que le corps physique et subtil d'une personne ici sur terre.

Ont suivi des séminaires et des certificats auprès de Richard Bartlett, Frank Kinslow et des formateurs allemands de la M2P. J'ai plongé dans des livres sur les méthodes de guérison russes et je me suis laissé inspirer par Grigori Grabovoi. En même temps, j'ai mis en pratique mes nouvelles connaissances et j'ai organisé des ateliers dans le sous-sol de ma maison. Amis, parents et autres personnes intéressées ont été invités à explorer ces nouvelles possibilités quantiques dont les répercussions sur leur vitalité et sur tout ce qui leur arrivait comme événements imprévus les ont surpris et émerveillés.

Comment se fait-il que, lorsqu'on ouvre le champ quantique des possibilités illimitées et qu'on se connecte de cœur à cœur avec une personne, souvent celle-ci perd l'équilibre et tombe en se livrant au champ d'une force transformatrice ? À cette force magique du cœur omniscient ?! Il y a tant de choses que nous pouvons à peine exprimer en mots, et pourtant nous voyons à chaque fois qu'il existe quelque chose qui dépasse de loin notre entendement et nos expériences ordinaires.

Déjà après un an et demi, j'ai commencé moi-même à former des personnes intéressées à cette méthode. La vie a voulu que je porte mes nouvelles visions et expériences pratiques dans d'autres pays. Et plus vite que prévu, je me suis retrouvée à voyager tous les mois pour des séminaires. Tout d'abord en Pologne et en France, puis au Canada et à La Réunion, ainsi que dans de nombreux autres endroits et pays dont je n'avais auparavant que rêvé. Les pays francophones sont devenus par affinité mon domaine de prédilection jusqu'à ce que je lance en 2017 la première formation pour formateurs de la Méthode des 2 Points avec mon partenaire et traducteur de l'époque, Jean-Marc Triplet – en français !

À ce moment-là, je maîtrisais plus ou moins cette langue que j'avais eu tant de mal à apprendre à l'école. Je vous raconte ici ma rencontre et mes expériences avec la M2P et tous les changements qu'elle a occasionnés dans ma vie. Mais chacun vit cela à sa manière.

Voilà pourquoi je souhaite vous présenter dans ce livre une variété de possibilités de mises en œuvre personnelles. Je laisserai des formateurs et formatrices que j'ai moi-même formés prendre la parole afin que leurs compétences individuelles, si étonnantes, soient accessibles à un plus grand nombre. C'est ce qui rend la M2P si spéciale car il n'y a pas de dogmes. Cette méthode est applicable dans tous les domaines de la vie et compatible avec toutes les formes de thérapies alternatives ou conventionnelles. Il s'agit de champs d'information, de restauration de principes d'ordre dans la création, de cohérence, de résonance et d'unicité.

Il sera bientôt temps de donner la parole à Sandrine Lebay car elle est la co-créatrice essentielle de ce livre – une "Fée Quantique" qui fait honneur à cette appellation. Vous allez bientôt faire sa connaissance, encore un peu de patience car ses histoires, ses expériences pratiques, ses visions "quantastiques" et combinaisons incroyables – vont faire danser vos neurones. Cela m'arrivait souvent lorsqu'elle me racontait ses nouvelles applications pour les humains et les animaux ;

Super Créatives, Spontanées et avec une Confiance Enfantine. Gardons à l'esprit cette connaissance fondamentale de la physique quantique : tout se manifeste dans la réalité matérielle grâce à notre observation…

Si vous souhaitez imaginer mon visage dans ces moments-là, imaginez des yeux grands ouverts et une expression confuse et profondément amusée qui laisse échapper les mots : "Qu'est-ce que tu as fait… ???". J'avais souvent l'impression qu'il y avait un effondrement complet dans mon réseau neuronal, pour ensuite comprendre avec une immense joie : "C'est la véritable réalité de création, c'est comme ça que ça marche ?!?".

Ainsi, nous apprenons les uns des autres, chacun à sa place et avec sa compétence spécifique. J'aime la comparaison avec un corps où chaque personne est une cellule individuelle d'un tout complexe. Je me compare souvent à une hormone. Dans ma nature, je bouge, je voyage d'un endroit à l'autre, je transmets des informations, je déclenche des processus pour ensuite être déjà occupée par une autre chose. Sandrine est alors peut-être une cellule neuronale du cœur, directement connectée à la lumière, peu préoccupée par les concepts mentaux, écoutant intuitivement les images et les paroles de l'âme.

Mais laissons d'abord la parole à Giovanni, qui est venu de Bruxelles à Hambourg en 2018 pour participer à cette première formation pour les formateurs de la Méthode des 2 Points à l'OASE[17] à Rettin, sur la mer Baltique. L'OASE était probablement l'un des lieux de séminaires les plus appropriés qu'on puisse imaginer pour notre projet. J'ai essayé de décrire cet endroit, ce qui ne m'a pas vraiment réussi. J'ai donc ouvert Internet et trouvé cet article du 1er janvier 2023 dans le magazine "Der Reporter" :

---

17 *La traduction de l'OASE signifie OASIS*

"Il y a 35 ans, le Centre Créatif OASE à Neustadt-Rettin a été fondé par le maître spirituel Johannes Heinz Löffler et dirigé par lui jusqu'à sa mort en 2004. La maison de guérison OASE, conçue par lui et planifiée avec l'architecte Klaus Pikull, a été construite en 2009 et exploitée par la communauté de l'OASE. Outre les cabinets de naturopathie qui ont trouvé leur place dans la maison de guérison, de nombreux séminaires ont eu lieu à l'OASE ces dernières années : des séminaires de yoga, des retraites silencieuses, des groupes de chant, des séminaires créatifs et des méditations ainsi que des concerts, des lectures et des fêtes estivales. De nombreuses personnes ont profité de l'occasion pour passer un moment de détente dans les constructions rondes écologiques, afin de se retrouver loin de l'agitation quotidienne avec la meilleure alimentation bio végétarienne complète. Avec le début de la nouvelle année, le temps des séminaires et du travail en groupe ainsi que celui des cabinets, des chambres d'hôtes et des appartements de vacances au Centre Créatif OASE et à la maison de guérison OASE est terminé."

(Conséquences de la crise du Covid…)

Chaque chose a son moment très particulier, son temps et son lieu. C'est la loi de l'impermanence. Dans nos applications de la Méthode des 2 Points, nous disons tout d'abord :"Tout est énergie, lumière et information. Tout bouge toujours, rien n'est fixe".

Dans ce livre, vous pourrez vous faire une idée de la façon dont la Conscience Quantique prend forme dans la vie des gens et comment cette nouvelle conscience a des répercussions et renouvelle tous les aspects de la vie. Laissez-vous surprendre et inspirer et ne jugez pas trop vite car ce qui émerge dans l'espace créatif des cœurs est peut-être inhabituel et nouveau – mais cela pourrait être beaucoup plus proche de la vérité, ou plutôt de la véritable création de la réalité.

Revenons à Giovanni, qui en 2018 est venu de Bruxelles à Hambourg pour participer à cette magnifique formation de formateurs de la Méthode des 2 Points à Rettin.

7. Méthode des 2 Points – Liberté et Créativité – Giovanni

Giovanni MENEGHIN – Belgique

Mon but : une expansion de la conscience qui vous permette de rétablir un équilibre dynamique entre vos différents plans : physique, émotionnel, mental et spirituel. Convaincu que tout un chacun peut développer une autonomie chaque fois plus grande, je pratique, en direct ou à distance :

- la Kinésiologie One Brain depuis 2011
- la Lecture d'aura et Soins Esséniens (Anne Givaudan) depuis 2015
- la Méthode des 2 Points depuis 2017

Tél. : +32-483 088 317
Email : gmeneghin.kinesio@gmail.com

J'ai découvert la Méthode des 2 Points alors que je pratiquais la Kinésiologie et les Soins Esséniens de Anne Givaudan et Antoine Ashram. A l'époque, j'écoutais de temps en temps une capsule audio d'une praticienne EFT[18] et, un jour de juin 2016, elle a intitulé sa capsule audio : "Pourquoi j'arrête l'EFT après 25 ans". Elle y précisait qu'elle était reconnaissante d'avoir pu pratiquer cette technique pendant de longues années, mais qu'elle avait découvert une nouvelle technique plus simple, plus rapide et plus efficace : la Méthode des 2 Points ! Ces mots "Méthode des 2 Points" ont provoqué instantanément un bruit de carillon dans mes oreilles. J'ai mis la capsule sur "pause" et j'ai immédiatement

---

18 EFT signifie "Technique de Libération Émotionnelle".

été chercher sur le Net ce qu'était la Méthode des 2 Points. J'ai trouvé une des premières vidéos de Frauke où elle expliquait, en allemand doublé en français, la Méthode, ses liens avec la physique quantique et ses effets. Très intéressant, je l'avoue. Mais la question qui me taraudait était : "Comment pratique-t-on la Méthode des 2 Points ?" J'ai continué à chercher et je suis tombé sur des vidéos d'une autre allemande en Nouvelle-Zélande qui avait mis en ligne une synthèse de trois jours de formation. Cela m'a permis de voir comment se pratiquait la Méthode des 2 Points. Elle avait aussi publié une vidéo où elle expliquait comment travailler sur une situation ou une relation. J'étais intéressé au plus haut point car, quelques jours plus tard, je devais garder pendant une semaine mon petit-fils, gentil mais difficile à gérer car, du haut de ses six ans, c'était un Monsieur-je-sais-tout. J'ai pratiqué, en suivant bien les explications, la Méthode des 2 Points sur cette relation à venir (en ne travaillant ni sur lui ni sur moi mais sur la relation). Nous avons passé une semaine merveilleuse sans accrochage ni prise de bec. C'était fabuleux. J'étais séduit et conquis par l'efficacité de la méthode.

Je me suis procuré la "Formation chez Soi" de la Méthode des 2 Points auprès de RESONANCE QUANTIQUE et j'ai profité des mois d'été pour bien intégrer les informations reçues et en septembre 2016 j'ai commencé à voler de mes propres ailes et à proposer la Méthode des 2 Points à mes clients.

J'ai ensuite suivi une formation en ligne avec Frauke Kaluzinski et Jean-Marc Triplet via Conversation Papillon[19] d'octobre 2016 à février 2017, et le 17 février 2017, j'étais à Paris pour une première formation en présentiel (pour les niveaux 1 et 2), qui a confirmé tout le bien que je ressentais de la

---

19 *Conversation Papillon est une entreprise québécoise dédiée au développement personnel, à la spiritualité et au mieux-être. Elle offre une plateforme en ligne avec des webinaires, ateliers et conférences animés par des experts, permettant à chacun de participer à des discussions enrichissantes et transformantes pour mieux vivre et grandir.*

Méthode et qui a constitué un grand pas dans ma vie. Depuis, outre la pratique sur mes clients, je profite de toutes les occasions pour appliquer cette méthode dans mon quotidien.

Pourquoi cet enthousiasme, me direz-vous ? Que m'apporte donc la Méthode des 2 Points ?

Je commencerai par la **Légèreté**. Depuis que je pratique la Méthode des 2 Points (juillet 2016), tout me semble plus léger, plus fluide, plus facile.

Ensuite, je continuerai par la **Joie**. On m'a souvent reproché d'être trop optimiste, de faire la fête quand j'étais triste, etc., donc ce côté "hausse des fréquences" n'est pas nouveau pour moi. Mais, aujourd'hui, la joie ressentie est plus profonde, plus présente, plus intégrée dans tous les aspects de ma vie.

Puis, je mettrai la **Gratitude**. J'ai toujours considéré les obstacles comme des marches pour progresser. Avant, je fonçais tête baissée, j'avais certainement des choses à me prouver et/ou j'étais prisonnier de programmes psycho-émotionnels. Mais maintenant, j'accueille les obstacles avec calme et gratitude car je suis plus conscient encore d'en être l'auteur et le co-auteur et de pouvoir en extraire le positif en ayant la possibilité de libérer l'énergie qu'ils contiennent. J'exprime ma gratitude avant la pratique quantique (parce que "tout est déjà là") et après (parce que la variante optimale s'est manifestée).

Ensuite la Méthode des 2 Points me permet de ressentir (et pas seulement de conceptualiser) que tout est juste (ce qui me permet de mieux vivre le respect de moi-même et d'autrui) et que je suis toujours au "bon endroit au bon moment" (sinon je serais ailleurs, n'est-ce pas ?).

J'ajouterai que la Méthode des 2 Points m'apporte la Lumière, ma Lumière, notre Lumière, et je ressens profondément que nous sommes UN, que tout est relié, que je suis l'Univers et que l'Univers est chacun de nous. Cela me rend plus aimable et fraternel, sans attente de retour, juste pour le plaisir... ce qui amplifie la joie. Et cela se manifeste souvent par de grands moments de bonheur inexpliqué... que je savoure intensément.

Enfin, la Méthode des 2 Points, c'est pour moi la liberté de la créativité pour répondre exactement aux besoins de mes clients avec, comme fil conducteur, les trios "Tout est Énergie, Lumière et Information" et "Non-vouloir, lâcher-prise et accueil" comme état d'esprit. Je suis moi-même dans le Non-vouloir, le lâcher-prise et l'accueil car je ne désire rien pour mon client. La séance se passe entre lui et le Champ Quantique. Je me vois comme un interrupteur qui permet le passage entre la source électrique (le Champ Quantique et son infinité de possibles) et l'ampoule (mon client qui va vivre une expansion de conscience qui va lui permettre de poser un autre regard sur sa situation).

J'ai pratiqué avec grand plaisir et beaucoup de joie la Kinésiologie et les Soins Esséniens, qui travaillent avec des protocoles précis et immuables (dirais-je). Ici, avec la Méthode des 2 Points, je commence mes séances avec les Ressources et (souvent) la Transformation des Blocages, qui servent de préparation du terrain pour permettre au client d'être plus réceptif. Ensuite, une fois le client connecté au Champ Quantique, je reçois des informations sur ce qu'il convient de faire. C'est toujours du "sur mesure", complètement axé sur les besoins de la personne.

Comme je n'ai pas de protocole fixe, j'intègre également dans la séance d'autres techniques (Kinésiologie, Soins Esséniens, Fleurs de Bach, Élixirs floraux du Bush australien, énergie des arbres, des pierres, des animaux, séries numériques de Grabovoï, couleurs, énergie des Anges ou Archanges lorsque je sens leur présence, etc.).

Je vois beaucoup de choses lors d'une séance. Je reçois ces images, je ne les invente pas.

Ainsi, lors de l'intention relative aux Ressources utiles, ici et maintenant, en rapport avec le thème, je vois des images "individuelles" et sans relation apparente entre elles et/ou je vis un petit "film", dont voici un exemple. J'en ai tiré une sorte de voyage guidé lors d'une rencontre internationale de la Méthode des 2 Points – RESONANCE QUANTIQUE – à Bogève (France) en 2021.

Maintenant en retranscrivant ce document je m'aperçois que je l'avais intitulé Les 3 chamanes.

C'est drôle car Frauke fait un parallèle entre la Méthode des 2 Points et le Chamanisme.

Je vous mets ci-dessous la version "Bogève" qui vient directement de ce que j'ai vu (et de ce que j'ai dit au client car je dis tout ce que je vois et je laisse le client en tirer ce qui lui convient).

LES 3 CHAMANES

Je m'installe confortablement, les pieds au sol.

Je me concentre sur ma respiration. / Je respire profondément 3 fois.

Je me détends davantage.

Un cheval sans harnachement vient vers moi.

Il s'arrête devant moi, bien campé sur ses quatre jambes.

Il commence à explorer mon visage avec ses lèvres, comme s'il me faisait des bisous.

C'est agréable, c'est doux, c'est tendre, c'est aimant.

Il avance d'un pas et vient poser sa tête sur mon épaule gauche. C'est léger.

Je sens une forme d'amour qui émerge de mon chakra du Cœur, qui se propage doucement dans mes bras qui viennent s'enrouler autour de son cou. Je sens une connexion douce et puissante à la fois de cœur à cœur, d'âme à âme.

Je savoure cet instant. Je me laisse envahir par cette tendresse, cette douceur, cette légèreté.

Un léger mouvement de sa tête me fait comprendre qu'il veut bouger.

Je le lâche. Il vient coller son corps contre moi. Son flanc contre ma poitrine, je sens qu'il m'invite à monter sur son dos.

Il n'est pas harnaché mais je me retrouve, comme par magie, sur son dos.

Je ne peux pas le guider mais je lui fais totalement confiance.

Il prend un chemin forestier large, lumineux, très lumineux, la couleur des feuilles renforce davantage la luminosité.

Il marche tranquillement au pas. Il est très attentif à notre connexion, à notre bien-être mutuel.

Le voilà qui s'engage dans un sentier, à gauche. Un sentier discret qu'il connaît par cœur.

Il me mène au bord d'un lac.

Je descends de son dos en douceur.

Je m'avance vers la rive pour regarder ce lac qui est grand, aéré, attirant. Sa beauté me rend un peu rêveur/rêveuse.

Le cheval me pousse doucement dans le dos avec son museau.

Il me fait comprendre qu'il m'invite à descendre dans l'eau.

Il me pousse à nouveau pour m'encourager.

Je me déshabille complètement et je me glisse doucement dans l'eau qui ressemble à l'eau transparente de la mer des Caraïbes, bleu-vert, tiède et agréable.

Je m'immerge complètement et je commence à nager.

Je nage à mon rythme, avec souplesse, avec fluidité.

Je nage sous l'eau... Et mon sillage, qui était transparent, devient trouble, comme si l'eau nettoyait en profondeur ma peau, mon corps physique, mais aussi mon corps prânique, mon corps émotionnel et mon corps mental. Elle me nettoie complètement tandis que je continue à nager sous l'eau.

Mon sillage redevient transparent et je nage à nouveau en surface, plus léger.

J'atteins l'autre rive.

Je sors de l'eau et je suis face à une cascade qui coule le long d'une paroi rocheuse.

Et je me glisse sous cette cascade. L'eau tambourine sur ma tête, ça crée une sonorité et une vibration qui équilibrent et dynamisent tous mes chakras, les méridiens, les organes et les glandes associés. Je suis dans cette vibration qui me purifie davantage.

J'entends une voix, sur ma droite, une voix de femme qui m'appelle : "Hé, toi ! Viens !".

Je tourne la tête et je la vois, une Amérindienne du nord, qui me fait des signes en me montrant une sorte de tunique en peau naturelle. "Viens ! Viens !"

Je sors de la cascade et je rejoins la femme qui me montre la tunique en me disant : "C'est la robe des Purifiés". Elle m'aide à enfiler la tunique.

Il y a des symboles répétés sur toute la tunique, un cercle avec une croix "carrée" dedans et quatre points entre les bras et une spirale.

 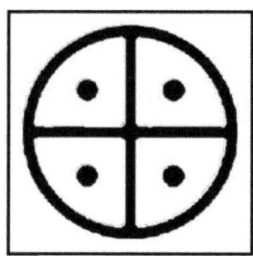 

Elle recule d'un pas et me fait signe avec son bras droit de m'avancer en indiquant un point un peu plus loin. Je vois un chamane en méditation, amérindien du nord lui aussi, assis en tailleur derrière un cercle de pierres au centre duquel brûle un feu d'un mètre de haut environ.

Je m'approche et je m'arrête devant le cercle de pierres. Le chamane ouvre les yeux et se lève.

Nos regards se croisent et une connexion profonde s'établit de Cœur à Cœur, d'Âme à Âme.

Il fait un pas en avant et entre dans le feu qui lui arrive à la hauteur des hanches. Il est calme et détendu. Il tend les mains vers moi, paumes tournées vers le ciel. Et moi, sans hésiter, en toute confiance, je pose mes paumes sur ses paumes. Il m'attire doucement vers lui. Sans hésitation, je fais un pas en avant et j'entre dans le feu.

Le feu me transforme en une gerbe d'étincelles qui montent dans la colonne de chaleur et qui se regroupent pour me transformer en un Phénix, l'oiseau de feu qui renaît de ses cendres.

Je prends mon envol et je me dirige vers une montagne bien précise, en survolant plaines et forêts.

Je sais où je vais. J'aperçois le pic vers lequel je me dirige. Là je vois un autre chamane qui est en méditation sur une plateforme. Je me pose et je reprends mon apparence humaine, vêtu de la tunique des Purifiés. L'air est froid et vivifiant.

Le chamane ouvre les yeux et se lève. Il fait un pas vers moi. Il retire de son cou une petite bourse en cuir tenue par un lacet en cuir. Il passe cette bourse autour de mon cou. Elle repose sur mon chakra du Cœur. Il pose la main sur la bourse qui contient des pierres et des herbes de guérison. Je reçois les pierres et les herbes dont j'ai besoin en ce moment. Je peux les voir et les reconnaître, ou je peux sentir leurs vibrations, ou les deux. Le chamane prononce des phrases, courtes, dans une langue qui m'est inconnue mais que je comprends. Il livre un message à mon cœur, à mon âme. Sept phrases, sept chakras, sept plans. Il intègre les vertus et fréquences des pierres et herbes de guérison dans mon chakra du Cœur qui les fait circuler le long de mon canal de Lumière. Puis il reprend la bourse et se replonge dans sa méditation. C'est terminé et je sens que ma fréquence vibre très haut.

Je reprends la forme du Phénix et je vole à nouveau au-dessus de plaines et de forêts. Et je reviens ici et maintenant. Je reprends ma forme humaine après avoir vécu ce processus de purification. Je m'étire, je retrouve mes sensations et j'ouvre les yeux. Joie et Gratitude."

Voilà un bref aperçu des surprises et merveilles que m'offre la pratique de la Méthode des 2 Points.

8. Méthode des 2 Points et Chamanisme

La Méthode des 2 Points et le chamanisme sont deux approches uniques du développement personnel et spirituel ainsi que de la guérison qui, malgré leurs différences, partagent de nombreuses similitudes. Alors que la M2P se base sur des concepts modernes de la physique quantique et vise à activer le "lieu de résonance divine" dans le cœur de chaque individu, le chamanisme puise dans les traditions profondément enracinées des cultures ancestrales qui se sont développées sur des millénaires. Cette connaissance originelle, transmise de génération en génération à travers les siècles, trouve son expression dans une variété de rituels, pratiques et croyances liés à des éléments du monde extérieur, selon l'origine du pays ou du peuple concernés.

Dans la Méthode des 2 Points, on se passe des rituels extérieurs car seule l'information provenant directement de la conscience pure est activée dans le champ. Les praticiens de la Méthode des 2 Points s'éloignent de l'idée de l'existence d'esprits extérieurs qu'il faut servir et auxquels il faut sacrifier car ils considèrent que l'être humain trouve tout en lui-même. Ce qui dépendait autrefois des esprits et des dieux extérieurs devient aujourd'hui une force immanente présente à l'intérieur de soi.

Si je renie mon propre pouvoir et que je l'attribue à autrui, j'accorde automatiquement plus d'influence aux autres tandis que ma propre force diminue !

Dans la croyance chamanique, les ancêtres jouent un rôle central. Les chamans croient en l'existence d'un monde spirituel où les âmes des ancêtres continuent de vivre et d'influencer leur vie quotidienne. Par le biais de rituels et de cérémonies, ils recherchent la bénédiction et la guidance des ancêtres pour obtenir guérison et protection.

Nous savons désormais, grâce à la recherche sur les expériences de mort imminente (EMI), qu'un défunt a une bien meilleure compréhension des liens que les vivants, aussi bien dans les domaines célestes que terrestres. Cela peut expliquer en partie les cultes ancestraux.

Les rituels chamaniques sont profondément enracinés dans la nature et les éléments naturels. Les chamans utilisent les forces de la nature – plantes, animaux, montagnes, rivières… – pour favoriser la guérison et l'équilibre. Par le biais de cérémonies telles que les quêtes de vision, les rituels de la hutte de sudation et les cérémonies animales, les chamans établissent une connexion avec les forces spirituelles de la nature afin de recevoir une guidance supérieure.

La formation de chaman est longue et exigeante. Les chamans passent généralement par des années d'apprentissage spirituel intensif, où ils acquièrent la connaissance des secrets de la nature, des rituels et des cérémonies, et développent leurs capacités mystiques. Cette formation implique souvent des relations maître-élève intenses et une transmission de la connaissance et des compétences de génération en génération.

Des capacités spéciales de clairvoyance et de magie mystique sont souvent associées aux chamans. Ils croient en l'existence d'esprits, de guides spirituels et d'autres êtres spirituels avec lesquels ils peuvent communiquer et interagir. Grâce à des états de transe, à la méditation et à des pratiques rituelles, les chamans peuvent voyager dans d'autres dimensions et obtenir des perceptions et des révélations sacrées.

Tout comme dans les pratiques chamaniques, la Méthode des 2 Points vise à atteindre des états modifiés de conscience, se concentrant principalement sur les ondes alpha et thêta.

Les ondes alpha sont des fréquences dans le cerveau, typiquement associés à un état de conscience détendu et alerte. Elles se situent dans une plage d'environ 8 à 12 Hertz (Hz) et sont souvent présentes pendant des activités relaxantes telles que la méditation, les états de transe légère et l'utilisation de techniques de relaxation.

. Les ondes thêta se trouvent dans une plage de fréquence plus basse que les ondes alpha, se situant généralement entre 4 et 8 Hz. Elles sont associées à une profonde relaxation, aux états hypnotiques, aux rêves, à la pensée créative et à une intuition renforcée. Dans cet état de conscience, les individus peuvent souvent se connecter plus profondément à leur subconscient et avoir accès à des ressources internes et à des souvenirs.

Lors de l'application de la Méthode des 2 Points, l'objectif est de se placer dans un état de relaxation favorisant les ondes alpha et thêta. Cela permet une connexion plus profonde avec la source dans le cœur et facilite l'accès à de nouvelles possibilités et potentiels de guérison et de transformation.

9. Tout est Résonance

Des résonances dans différents domaines

Résonance dans la Musique

En musique, la résonance est comme l'écho d'un instrument qui résonne à travers une pièce. Lorsqu'une corde est pincée ou qu'un son est produit, les vibrations émises peuvent inciter d'autres objets à répondre par des vibrations similaires. C'est comme si les sons dansaient ensemble et se renforçaient mutuellement pour créer un concert harmonieux.

Résonance ou bien Conscience Corporelle

Chaque partie de notre corps ainsi que nos corps subtils agissent comme des surfaces de résonance qui réagissent et s'expriment dans le monde qui nous entoure. Lorsque nous dansons et bougeons au rythme de la musique, la résonance se reflète dans nos mouvements, qu'ils soient rythmiques ou en harmonie avec la mélodie. De plus, la résonance imprègne nos perceptions sensorielles, que ce soit en contemplant une œuvre d'art inspirante, en respirant le parfum d'une fleur ou en ressentant une chaleureuse caresse. En fait, nous entrons en résonance avec des objets et des stimuli externes à partir de notre connaissance interne de cette énergie et de cette information. "TOUT EST DÉJÀ LÀ – TOUT EST DÉJÀ RÉALISÉ !!" C'est une pensée très importante – prenez conscience de cela. La résonance se produit lorsque des éléments similaires se rencontrent ! Cette résonance holistique dans le corps nous permet de nous sentir vivants, connectés, et favorise un sentiment de plénitude et de bien-être.

Résonance dans la Société

Dans la société, la résonance est comme le lien invisible qui relie les gens les uns aux autres. Lorsque les individus partagent des idées, des émotions ou des objectifs similaires, ils se renforcent mutuellement et créent une atmosphère d'harmonie et de compréhension. C'est le sentiment de ne pas être seul, de faire partie d'une communauté plus grande.

Le burnout et la dépression sont des exemples d'incapacité à entrer en résonance. Ils illustrent la manière dont un déséquilibre entre les besoins intérieurs et les exigences extérieures peut conduire à une perte de résonance et à une sorte de "perte de sens". Dans un état d'incapacité à entrer en résonance, les personnes se sentent souvent coupées d'elles-mêmes et de leur environnement, ce qui peut conduire à un sentiment de vide et d'aliénation.

Résonance avec la Nature

Les résonances jouent aussi un rôle fondamental dans la nature, notamment à travers la cohérence des biophotons et l'échange d'informations via cette émission lumineuse ordonnée. Les biophotons, ces minuscules particules de lumière émises par les cellules vivantes, ne sont pas seulement des productions biologiques mais aussi des vecteurs d'information essentiels. Ils assurent une communication intra- et intercellulaire, facilitant ainsi une harmonisation et une synchronisation des processus biologiques.

La vie elle-même est synonyme d'ordre : chaque cellule, chaque organe et chaque organisme communiquent continuellement pour maintenir cet ordre. Ce flux d'information orchestré par les biophotons permet une cohérence qui est essentielle pour le bon fonctionnement des systèmes vivants. Les biophotons agissent comme des messagers, transmettant des signaux lumineux qui influencent les réactions biochimiques et régulent les fonctions biologiques.

En somme, les résonances et la cohérence des biophotons sont des éléments vitaux de l'échange d'informations dans la nature. Cette communication lumineuse ordonnée assure l'ordre et l'harmonie nécessaires à la vie, démontrant que tout dans la nature est interconnecté et que chaque élément joue un rôle dans le grand réseau de la vie.

Résonance dans la Spiritualité – "Étincelle Divine"

Dans la spiritualité, la résonance réside au cœur de chaque individu. Elle est la connexion au noyau divin à l'intérieur de soi, un sentiment d'unité en soi – et d'unité avec l'univers. Lorsque nous sommes en harmonie avec notre essence et les principes universels, nous éprouvons un profond sentiment d'accomplissement et de paix intérieure. C'est le voyage pour découvrir notre résonance et la relier à la beauté du divin. Et là – de nouveau !! "TOUT EST DÉJÀ LÀ – TOUT EST DÉJÀ RÉALISÉ"... potentiellement dans cette semence, cette étincelle divine.

Ensemble, faisons pousser cette graine, donnons-lui de la nourriture – de la lumière – ou mieux, faisons en sorte que ce qui est séparé ne fasse plus qu'UN.

Résonance "La Variante Optimale"

La Variante Optimale, guidée par le cœur, signifie être en harmonie avec notre connaissance intérieure. Elle est alimentée par la résonance entre notre personnalité et notre étincelle spirituelle. Cela nous aide à trouver et intégrer ce qui manque dans notre vie. En activant cette Variante avec la Méthode des 2 Points et des intentions du cœur, nous attirons des solutions et des coïncidences positives, comme trouver un livre utile ou rencontrer la bonne personne. Cette méthode permet d'accéder aux ressources nécessaires, d'éliminer les blocages et d'intégrer des informations positives, nous aidant ainsi à vivre en harmonie avec nous-mêmes et l'univers.

10. Et si la Variante Optimale était toujours là ? Corinne

La communication connaît de nombreuses voies différentes, pourquoi pas par le biais d'une bande dessinée ? Conçu et écrit par Corinne Français.

Voilà notre "Module de Base"

Protocole de Base
En quelques étapes, la Méthode de 2 Points

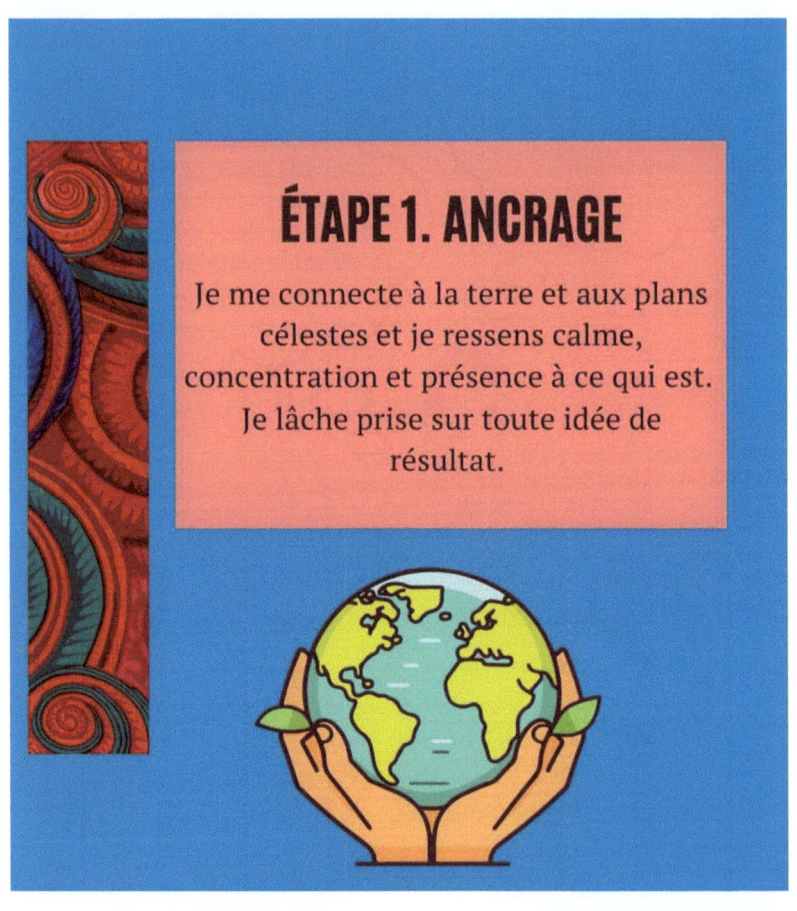

ÉTAPE 2. CONNEXION

Je mets mon attention dans mes deux mains et j'ouvre mon coeur à tous les possibles.
Je crée ainsi les conditions optimales.
Je me connecte à ma profondeur. Je me fais confiance.

ÉTAPE 3. INTRIQUER LE THÈME

Le thème est énoncé, précis, dans la bonne formulation. il reste à l'intriquer (pour reprendre un terme de la physique quantique) et à retirer égo et mental.
Je m'abandonne à plus grand que moi.
La solution jaillit de l'infinité des possibles.

ÉTAPE 4.
LES 3 PARAMÈTRES QUANTIQUES

- Recherche des ressources dans le champ informationnel
- Transformation des blocages
- Intégration de la variante optimale.

Le tour est joué !

THE END

11. Espace de Vibration – Espace de Vie

Je suis Corinne, musicienne professionnelle et formatrice en Méthode des 2 Points. Ces deux activités se complètent très bien dans mon activité professionnelle et sont pour moi une nourriture indissociable de l'âme.

La vibration, je la ressens dans mon corps, dans mes os lorsque je produis des sons à la voix, cela me procure bien-être et ancrage. Depuis longtemps, je recherche cet état de conscience modifiée que j'appréhende aussi par l'utilisation d'instruments particuliers comme la guimbarde, le tambour chamanique, les bols de cristal.

En 2021, ma rencontre avec la Méthode des 2 Points a complété la boite à outils, grâce à son approche pratique et simple des lois de la physique quantique. En devenant formatrice, j'ai voulu partager cet outil magique avec d'autres.

Tout dans l'univers vibre et bouge, des êtres vivants aux organismes les plus élémentaires comme les bactéries ou les virus mais aussi les minéraux. En élevant notre fréquence vibratoire, nous améliorons notre santé globale et renforçons notre système immunitaire. Adopter une énergie positive nous aide à mieux intégrer ce que nous consommons, respirons. Cultiver cette vision du monde chasse aussi les idées noires et nous rétablit dans notre centre. C'est tout un ensemble indissociable, une sorte de spirale positive que je nourris par des applications en M2P quotidiennes.

La Méthode des 2 Points est devenue une ressource de ma vie.

Concrètement, avant les stages vocaux que je propose, je réalise une application M2P afin d'optimiser ma qualité d'écoute et mes propositions pédagogiques. À cet effet, je crée l'hologramme[20] du groupe de chant et j'y intègre les ressources utiles à disposition dans le champ quantique. Cet exercice enclenche un taux vibratoire propice à la sérénité et l'harmonie. Je l'ai vérifié à chaque fois.

J'intègre également souvent le "Chant des Chakras" que j'ai créé pour élever le niveau vibratoire de l'espace de manière tangible. Tous les chanteurs participent à ce chant vibratoire. Et même les plus sceptiques perçoivent le changement d'ambiance dans la pièce. La qualité de présence, la qualité du son collectif sont augmentés. Tous les systèmes du corps en bénéficient : le système nerveux s'équilibre, l'oxygénation du cerveau s'améliore et les connexions neuronales sont plus efficaces. Ensuite nous intégrons ces ressources par la M2P.

Alors, tentez l'aventure. Et faites confiance à votre intuition, ce guide qui est toujours là, prêt à vous orienter vers les bons choix. Tout le monde peut s'initier et votre vie peut changer : vous êtes votre propre point de départ.

Corinne Français
Pour toutes infos : https://www.ivredechant.com/

---

20 Dans ce contexte, la création de *"l'hologramme du groupe de chant"* fait référence à la visualisation d'une représentation énergétique et informationnelle du groupe dans le champ quantique.

12. Activation et Intégration de la Variante Optimale

Que signifie une Variante Optimale dans le champ quantique, guidée par le cœur ?

La Variante Optimale dans le champ quantique, basée sur le cœur, représente la résonance avec la connaissance profonde de la Source en nous. Cette Source est un réservoir inépuisable de toutes les informations et possibilités. Elle contient tous les chemins permettant d'intégrer de manière harmonieuse les informations manquantes dans la vie d'une personne.

La Variante Optimale est alimentée par la force et l'intelligence de la connaissance intérieure, l'essence de l'être humain, qui communique avec le champ éthérique universel. Une partie de ce champ comprend les Archives Akashiques ainsi que les "futurs potentiels". Dans cet état d'être nous sommes en contact direct avec la sagesse universelle et les plus hauts potentiels de notre être.

Quelle influence positive et directrice cela a-t-il sur la transformation de nos thèmes de vie ?

L'activation et l'intégration de la Variante Optimale ont un effet magnétique puissant sur les informations manquantes dans notre vie. Grâce à l'application de la Méthode des 2 Points et à la mise en place d'intentions émanant du champ du cœur, des instructions ciblées sont envoyées dans le champ quantique. Ces instructions établissent un contact direct avec les informations nécessaires qui sont ensuite intégrées – ou plutôt "réactivées" – pas à pas dans la vie de la personne qui pose la question.

Les résultats de ce processus sont variés et peuvent se manifester de différentes manières. Souvent les informations apparaissent sous forme de "coïncidences" qui surgissent au bon moment. Cela peut signifier trouver des réponses en lisant un livre ou un magazine, rencontrer une personne particulière qui détient le savoir manquant. Elle peut également indiquer que des blocages ont été éliminés de notre système. Des prises de conscience internes et des changements structurels directement perceptibles dans notre propre système peuvent également se produire. Ces transformations découlent de l'activation de la lumière dans notre propre champ, dans le cœur et dans tout le corps.

Dans la pratique cela signifie que, grâce à la résonance avec la Variante Optimale :

- Un accès plus profond aux ressources utiles est créé
- Les blocages sont dissous, permettant ainsi un flux libre d'énergie vitale
- Un flux continu de nouvelles informations harmonieuses est intégré dans la vie.

La Méthode des 2 Points utilise la résonance du champ du cœur pour établir une connexion énergétique profonde et activer la réalité optimale. Cette méthode aide à concevoir consciemment sa vie et à vivre en harmonie avec son essence et le champ universel.

Voici une explication du **MODULE DE BASE** de la Méthode des 2 Points, le module fondamental au début de chaque formation de la M2P. Il comprend 3 intentions essentielles :

1. **Activation et intégration des Ressources** : Mobiliser et ancrer les potentiels intérieurs.
2. **Transformation des Blocages** : Identifier et dissoudre les obstacles internes.

3. **Activation et intégration de la Variante Optimale** : Faciliter l'émergence de la meilleure version de soi.

Étapes préparatoires : Activer les Ressources et Transformer les Blocages

Dans la plupart des cas, le processus commence par l'activation et l'intégration de ressources utiles. Cette étape crée une base solide en mettant en lumière à la fois les forces et les potentiels intérieurs de la personne et les possibilités présentes dans le champ.

La prochaine étape consiste à transformer les blocages. Cette phase est cruciale pour libérer le chemin vers la Variante Optimale. Les blocages qui entravent le flux d'énergie sont dissous, permettant à l'énergie vitale de circuler librement. Ce n'est qu'après cela que la Variante Optimale est activée et intégrée, permettant à la personne d'accéder aux possibilités les plus élevées et les plus harmonieuses pour le thème évoqué.

Grâce à cette approche structurée, le chemin vers les changements positifs est dégagé et le processus de traitement des thèmes est soutenu de manière efficace et durable.

13. Les Perceptions Corporelles pour une Conscience élargie

J'aimerais d'abord attirer l'attention du lecteur sur la prise de conscience nécessaire de nos perceptions corporelles. Profondément touchée et poussée par une quête intérieure de sens et de mission dans la vie, je suis rapidement tombée sur des sujets tels que la vie et la mort, les voies d'initiation spirituelle et enfin, parallèlement, des possibilités de mise en œuvre par des pratiques.

L'une de ces pratiques est la Méthode des 2 Points qui, à mes yeux, représente une brillante intégration de la spiritualité et de la mécanique quantique. Il m'est vite apparu que j'avais trouvé un instrument avec lequel mon corps est devenu un pivot dans la progression sur mon chemin spirituel. Aujourd'hui, je peux percevoir et comprendre toute ma réalité comme une empreinte directe de ma vibration actuelle dans les différents corps (physique et subtils).

Alors que dans une vision matérialiste notre réalité est définie principalement en fonction de nos organes de perception externes, dans la Méthode des 2 Points les sens internes jouent un rôle de plus en plus déterminant. Clairvoyance, clairaudience, clairsentience, clair savoir – voir, entendre, sentir, goûter et même savoir intérieurement – C'EST AINSI. Dans mon cas, la clairsentience est très développée. Il m'est donné de m'accorder avec les champs d'information directement en résonance corporelle, si je le permets à mon corps – donc seulement après autorisation. J'ai ainsi découvert un autre langage qui s'exprime dans les mouvements corporels, les états d'être et parfois même les sons. Je peux alors agir sur ces RÉSONANCES à l'aide des modules de la Méthode des 2 Points puis percevoir directement les changements. Ces expériences passionnantes révèlent chaque jour de nouvelles possibilités.

Tout est RÉSONANCE et nos capacités corporelles déterminent les moyens par lesquels nous pouvons façonner nos réalités.

14. Les Soins Holistiques de Frauke

Dans mes applications holistiques de la Méthode des 2 Points, un processus fascinant se déploie, adapté à chaque être individuellement. Je commence par une résonance corporelle globale qui me permet de me mettre en phase avec la nature multidimensionnelle de la personne que je reflète. Ce processus rappelle la constellation familiale de Bert Hellinger[21], où nous nous plongeons consciemment dans un champ d'informations – que ce soit celui d'une personne, d'une caractéristique ou d'une situation. Tout ce qui existe forme des champs d'informations entrelacés, en harmonie avec le cosmos, la terre et les uns avec les autres – ou pas.

Ce qui se passe ensuite est aussi varié que l'unicité de chaque individu sur cette planète. Après avoir vérifié l'alignement de mon propre corps vers le bas, vers le haut et vers le centre du cœur, avec la perception d'un tore[22] autour de moi – "Microcosme = Macrocosme", j'entre spontanément en résonance avec la personne en face – que ce soit en ligne sur Internet (à distance) ou en présence de la personne.

Cette phase de résonance ressemble souvent à un court spectacle avec des mouvements inhabituels, des secousses, une respiration suspendue, une posture corporelle crispée, un cri étouffé ou d'autres formes d'expression. Pour moi, cet état ne dure qu'une seconde et honnêtement, je n'ai souvent pas envie d'y rester plus longtemps. Je permets à la résonance de se manifester, j'entre et je sors de cet état.

---

21 **Bert Hellinger** *(1925–2019). Philosophe, théologien, pédagogue et psychothérapeute allemand, il a développé dans les années 80 la constellation familiale, une méthode de thérapie personnelle, familiale et systémique. Pour en savoir plus, voir page 268.*

22 **Un tore** *est une forme géométrique tridimensionnelle qui ressemble à un donut. C'est un cercle enroulé sur lui-même pour former une surface fermée avec un trou au centre. En physique et en spiritualité, le tore est souvent utilisé pour représenter des champs énergétiques ou des flux d'énergie.*

En un rien de temps, toutes ces informations sont décryptées par mes sens internes et externes et se transforment en une compréhension intérieure – ou plutôt en un ressenti intuitif. Je n'ai pas besoin de comprendre chaque détail, car l'essentiel est que ces histoires émergent à la surface et puissent être perçues – manifestées dans un état éthéré en moi et autour de moi. C'est maintenant le moment parfait pour commencer avec les modules de la Méthode des 2 Points.

Je voudrais ici donner un exemple de mes applications en résonance quantique holistique avec mon corps. Au début de ma pratique, je ne connaissais encore personne qui donnait des soins de cette manière. Et pour moi, c'est devenu MA BOUSSOLE INTÉRIEURE pendant l'application.

C'est de là que vient la question : "Qui ou quoi guérit ? Que signifie la guérison ?"

Le terme "guérison" décrit un processus ancien et profondément enraciné dans les langues européennes. Son étymologie révèle des liens avec d'autres langues, comme l'anglais avec les mots *"heal"* et *"whole"* et l'allemand avec *"Heilung"*. En anglais, *"heal"* signifie *"guérir"*, et *"whole"* signifie *"entier"*, tandis qu'en allemand, *"Heilung"* renvoie à l'idée de guérison ou de rétablissement. En grec ancien, le mot similaire est *"holos"* qui signifie également "entier" ou "complet".

Le concept de guérison implique la restauration de l'intégrité et de la perfection, tant sur le plan physique que sur les plans émotionnel, mental et spirituel. Il ne se limite pas à la simple élimination des maladies ou des souffrances mais vise également à atteindre un état d'équilibre, de vitalité et de paix intérieure. En résumé, la guérison est un processus holistique qui englobe tous les aspects de l'être humain dans sa recherche de bien-être et d'harmonie.

QUI ou quoi guérit ou "illumine" ?

QUI ou quoi ? La LUMIÈRE cohérente, la force Christique, le Saint-Esprit ?

LA LUMIÈRE qui te permet de te reconnaître. La structure des lignes de force du cœur. La puissance de la connexion de cœur à cœur. La lumière qui passe à travers moi ravive ta lumière intérieure. La lumière qui passe à travers toi ravive ma lumière intérieure. Il n'y a pas de séparation – c'est une construction mentale qui se manifeste seulement dans la matière. Ce qui guérit, c'est l'amour qui ramène tout à son origine.

Je me place dans ton champ d'information, laissant toutes mes cellules et tout mon être fusionner avec toi pendant un bref instant. Je te trouve en moi-même comme une possibilité ; cela résonne. Ensuite je libère les blocages et les programmes dans mon propre corps. Ho'oponopono[23] ! D'anciennes histoires se réveillent par des images, des sentiments, des mouvements corporels, et se redressent si l'autre le permet. Si tu es prêt pour cette transformation, tu ressentiras cette résonance rétroactive comme une libération et un soulagement.

Ensemble, nous avons ouvert une nouvelle perspective pour toi – et aussi pour moi. Oui. Tout est finalement "simple" et direct et je ressens ainsi le mouvement de l'univers, des flux temporels et des torsions à travers mon corps. Je dis souvent : "Je deviens le champ – je deviens l'histoire, je suis alors la situation". Comment expliquer cela à quelqu'un qui ne l'a pas vécu ? C'est difficile. Mais c'est comme une langue à part entière, avec des milliers d'informations en un instant.

J'ai découvert la notion de vortex quantique directement dans mon corps. Le mouvement de la création originelle, de toute création. Pense à un minuscule atome ou à une galaxie entière ! Tout tourne et dans ma perception, cela tourne vers

---

23   Ho'oponopono : Voir le chapitre 35

la droite lorsque le vortex se manifeste et se développe et vers la gauche lorsqu'il se dissout. La dissolution de ce qui a été créé, que ce soit mental, émotionnel ou matériel, tourne vers la gauche – mon corps ressent le besoin de tourner sur lui-même dans cette direction. Pour moi, cela symbolise le trou noir. Tout retourne à l'unité originelle. Dans la Méthode des 2 Points, tout repose sur la puissance du cœur, l'ouverture à la source, et ainsi, lors d'une nouvelle densification de la réalité, tout se manifeste à nouveau en tournant vers la droite (trou blanc) – la création est ramenée à la manifestation. Le sens horaire est lié à la manifestation, tandis que le sens antihoraire est lié à la dissolution. C'est ainsi que mon corps me parle.

Les croyances "déformées" et les programmes parasites peuvent être libérés. Chaque application de la M2P n'est pas seulement personnelle, elle est quantique, fractale, une libération pour le grand tout. C'est magnifique ! Les transformations quantiques agissent sur l'ensemble. Dans ce contexte, mon corps suivra naturellement ce mouvement de rotation vers la gauche dans la dissolution de l'information... Tout est vortex.

Je ressens aussi que, lorsque quelque chose est stressé, mon corps se tord fortement vers la droite, ce qui devient inconfortable. Compare cela à l'ADN qui se tord sur lui-même, devenant dense et dysfonctionnel. Alors avec une intention de la M2P, "Transformation des Blocages", mon corps va lâcher pour réaliser la libération vers la gauche.

Avec la Méthode des 2 Points, nous devenons le champ lui-même. Nous devenons l'information, l'action, le toucher, la parole juste ou simplement la lumière qui voit et agit. Cela apporte une prise de conscience et la connaissance de soi, pour toi et pour moi.

"Dans les moments de tranquillité et d'abandon total, dans ce vide, se crée un espace de liberté dans lequel les choses se rencontrent par elles-mêmes."[24]

---

24 Extrait du livre RECONNAÎTRE les Espaces Quantiques (Frauke Kaluzinski)

15. Une Graine se Déploie – Pensées Divines – Étincelles Divines

Dans la danse majestueuse de la vie se révèle à nous le profond mystère de la graine, délicatement mais puissamment enracinée dans la terre, prête à entreprendre son voyage d'épanouissement. Telle une étoile brillante dans le ciel sombre, chaque graine trouve au bon moment, au bon endroit, sa destinée dans l'étreinte protectrice de la terre. Là, dans l'obscurité silencieuse, commence le rituel secret de la vie où tous les éléments nécessaires – les éléments de la terre, l'eau, les rayons du soleil, le murmure du vent et la lumière d'amour de l'univers – œuvrent ensemble en harmonie aimante pour enflammer le potentiel divin en chaque graine.

Considérons le modeste bulbe de la tulipe qui, dans sa confiance silencieuse, connaît sa forme et sa couleur uniques. Telle une reine s'élevant des profondeurs sombres de la terre, elle désire ardemment le baiser chaud du soleil et la caresse tendre du vent. Ses pétales, tels de légers coups de pinceau d'un artiste divin, s'épanouissent avec la promesse de l'aube et son parfum, tel un chant d'amour du ciel, emplit l'air et enivre les sens.

Dans chaque bourgeon, dans chaque feuille et dans chaque racine danse le mystère de la vie, une ode silencieuse à la beauté de la création et aux mystères de l'univers. La tulipe, une création divine, devient messagère de l'amour ; ses pétales délicats reflètent la splendeur infinie de l'univers et nous rappellent la beauté incommensurable qui réside en toute chose.

Tout comme la tulipe brille dans sa splendeur, ainsi s'élève le puissant chêne du gland minuscule, symbole de persévérance, de force et de foi inébranlable. Dans chaque écorce, dans chaque feuille et dans chaque branche, le chêne porte l'histoire des temps, un rappel des merveilles de la croissance et de la puissance de la transformation.

La sagesse des anciens philosophes tels que Platon[25], Rousseau[26] et le mystique Rumi[27] nous révèle des perspectives profondes sur les secrets cachés de la vie. Dans l'allégorie de la caverne de Platon, nous voyons la quête de l'âme pour la vérité et la connaissance tandis que la philosophie de Rousseau célèbre l'harmonie et la beauté innées de la nature. Dans les vers poétiques de Rumi, nous découvrons la puissance transformatrice de l'amour qui pénètre l'univers et unit tout dans son étreinte.

Dans le creuset de la vie, nous sommes formés et façonnés, renforcés et nourris par les innombrables épreuves et défis qui jalonnent notre chemin. Par l'amour nous trouvons réconfort et force, nous expérimentons la guérison et la croissance dans les heures les plus sombres de notre existence. L'amour, source infinie d'inspiration, est ce lien vivant qui nous unit tous et nous accompagne dans notre voyage.

Lorsque nous contemplons le kaléidoscope de la vie, nous reconnaissons l'infinité de la beauté et de la diversité qui nous entourent et nous nous souvenons du miracle de l'être. Que chaque instant, chaque souffle soit un témoignage d'amour et de compassion, une ode au don divin de la vie qui brille en chaque instant. Dans l'étreinte de l'amour et le

---

25 **Platon** *(vers 428–348 av. J.-C), philosophe de la Grèce antique, disciple de Socrate, qu'il met en scène dans ses dialogues, il est considéré comme le fondateur de la philosophie. Auteur de nombreux ouvrages philosophiques, fondateur de l'Académie à Athènes, il sonda les domaines de la connaissance, de la morale et de la politique, expliquant l'intelligibilité du sensible et le pouvoir de la connaissance au sein d'une réalité changeante et instable.*

26 **Jean-Jacques Rousseau** *(1712–1778). Écrivain, philosophe et musicien genevois du Siècle des Lumières. Toujours en quête d'authenticité, il prôna le retour à la nature et à la simplicité et proposa des pédagogies alternatives. L'idée centrale de son oeuvre est que l'homme est naturellement bon, mais qu'il est dénaturé par la société qui le rend mauvais. Il dénonça les injustices et réfléchit aux conditions réelles de la liberté.*

27 **Djalal-el-din Rumi** *(1207–1273). Poète, théologien et mystique persan, il a profondément influencé le soufisme et est considéré en Orient comme un maître spirituel musulman. L'année 2007 a été proclamée en son honneur par l'UNESCO pour le 800e anniversaire de sa naissance.*

dévouement à la vie nous reconnaissons la véritable essence de notre être et la beauté infinie qui réside en chaque graine de la création.

Voilà, nous nous trouvons maintenant dans une fréquence profonde du cœur. C'est le moment idéal pour ouvrir les portes du royaume de la perception intérieure de Sandrine Lebay.

16. Ma Rencontre avec la Méthode des 2 Points

Pendant de nombreuses années, je me suis questionnée sur notre existence sur Terre, sur la vie et la mort, des questions qui demeuraient sans réponse. J'ai donc vécu avec ces interrogations sans que personne ne puisse m'éclairer sur le sujet. Fin avril 2020, pendant le confinement dû au COVID-19, mon amie Caroline m'a téléphoné et m'a expliqué qu'elle avait découvert une méthode extraordinaire, accessible à tous : c'était la Méthode des 2 Points, une méthode de soin quantique. Elle m'a proposé un soin à distance et m'a expliqué brièvement que cette méthode alliait la physique quantique et la spiritualité. À ce moment-là, les termes "physique quantique" et "spiritualité" m'étaient totalement étrangers. Je n'étais vraiment pas branchée "bien-être". L'année précédente, en juillet 2019, j'avais participé à une initiation de yoga pour cavaliers ; contrairement aux autres participants qui dégageaient une impression de sérénité pendant les séances, je ne ressentais rien dans mon corps et j'avais trouvé l'expérience longue et fastidieuse. Cependant l'idée d'essayer quelque chose de nouveau, comme ce soin quantique, m'avait interpellée et j'ai décidé de tenter l'expérience sans vraiment savoir ce que cela impliquait.

Tout a changé après le soin de Caroline. Pour la première fois, j'ai ressenti des sensations dans mon corps : des frissons, des sortes de vagues, de la douceur et des changements durant les jours qui ont suivi. J'étais émerveillée par cette découverte. Comment était-il possible que des transformations se produisent dans mon corps alors que mon amie et moi étions séparées par plusieurs kilomètres ? Deux semaines plus tard, j'ai acheté, comme Caroline, la formation en ligne "Transformer son ancien Futur" chez RESONANCE QUANTIQUE et j'ai dévoré les vidéos de Frauke et Jean-Marc et rapidement intégré les modules proposés.

Je ne comprenais rien au langage employé : "Tout est lumière, énergie et information". Que faisaient ces trois mots à la suite ? Était-ce une mauvaise traduction de l'allemand ? Cependant, une notion essentielle m'a bouleversée : la reliance au cœur et l'étincelle divine. Ainsi j'ai découvert que cette lumière était en chacun de nous.

Le jour même, je me suis fait un soin et je voulais aussi pratiquer des soins à distance. Aucun membre de ma famille ni aucun de mes amis proches n'était prêt à tenter l'expérience, alors j'ai pensé à Gaïa, ma jument arabe, que j'avais sauvée de l'abattoir en avril 2015. Elle avait eu une existence difficile, passant par huit propriétaires en dix ans et subissant des maltraitances répétées. Gaïa était extrêmement craintive et il m'avait fallu un an de patience et d'amour pour qu'elle accepte de se laisser manipuler. Bien qu'elle ait fini par me faire confiance, elle restait effrayée par tout. Je me demandais souvent si j'avais fait le bon choix en la prenant avec moi car tout était si compliqué avec elle. Gaïa a été la première à recevoir des applications de la Méthode des 2 Points et les résultats ont été visibles rapidement ! J'ai travaillé avec le Module de Base tous les jours, abordant différents thèmes comme sa relation avec les autres chevaux, sa peur et son manque de confiance envers les humains. J'ai également rééquilibré ses chakras un par un. Chaque jour apportait des améliorations visibles. Trois semaines plus tard, Gaïa s'est approchée de Franz, mon mari, et s'est blottie contre lui, réclamant des caresses pendant un long moment. C'était tellement improbable et incroyable ! Peu après, j'ai perdu mes clés de voiture, j'ai activé la Méthode des 2 Points et, quelques jours plus tard, une collègue les a retrouvées dans un endroit éloigné d'où je les avais perdues. Parallèlement, j'ai continué les applications sur moi-même et ma chienne Niloo ; même les plants de légumes dans la serre en ont bénéficié.

J'étais tellement enthousiaste que je voulais approfondir davantage cette méthode. En consultant le site de RESONANCE QUANTIQUE, j'ai découvert qu'un stage des niveaux 1 et 2 était prévu à Bordeaux fin juillet 2020. Bien qu'habituellement réservée et casanière, j'ai ressenti un appel profond en moi, comme une nécessité d'assister à ce stage. J'ai donc réservé ma place et me suis rendue en train à Bordeaux. J'étais très impressionnée de rencontrer Frauke "en vrai" (car je ne l'avais vue qu'en vidéo) ainsi que les formateurs de RESONANCE QUANTIQUE. Pendant le stage, j'ai trouvé tous les modules proposés accessibles, faciles et aussi ludiques pour certains. Pendant les applications, les participants tombaient les uns après les autres tandis que je restais debout, résistant par peur. Le dernier jour du stage, nous avons pratiqué le module des croyances et j'ai mis le thème du lâcher-prise. Ce fameux lâcher-prise, dont je ne connaissais la définition que par le dictionnaire, me semblait insaisissable. Comment pouvait-on atteindre cet état ? Ce module des croyances a provoqué en moi un profond relâchement : le "Point Zéro". J'ai fini par m'effondrer, sombrant dans un sommeil profond et manquant une grande partie du quatrième jour du stage. J'ai orienté mes choix de thèmes pour que la Méthode des 2 Points prenne une place de plus en plus importante dans ma vie. En quittant ce stage, je me sentais à la fois heureuse et troublée, réalisant que ma façon habituelle de fonctionner ne me convenait plus. Même si le langage utilisé était complexe et que je n'avais pas tout compris, j'ai clairement ressenti la puissance du cœur et l'amour grandir en moi.

De retour en Haute-Savoie début août, sur les conseils de Frauke, j'ai suivi une petite formation en ligne intitulée "La Méthode des 2 Points et les Animaux". Cela m'a rappelé un livre sur la Communication Animale que j'avais dans ma bibliothèque. J'avais découvert cette méthode lors de l'arrivée de ma jument Gaïa car j'étais si désemparée face à elle que j'avais fait appel à une professionnelle afin de mieux la comprendre. Je m'étais initialement inscrite à une formation en Provence en mai 2020, mais elle avait été annulée en raison du confinement. De plus, des amies m'avaient déconseillé d'apprendre la Communication Animale, affirmant que je n'y arriverais pas. Influencée par leurs paroles, j'avais abandonné, pensant ne pas avoir les capacités nécessaires pour entendre les messages des animaux. Toujours est-il que les formations en ligne et en présentiel de la Méthode des 2 Points ont ouvert en moi des canaux de perception extra-sensoriels me permettant d'entendre la voix des animaux. Rapidement j'ai pu communiquer avec eux. J'ai compris que Gaïa n'était pas arrivée par hasard dans ma vie et qu'elle m'avait guidée vers le chemin de la spiritualité et de la Communication Animale.

Après le stage de juillet, Frauke et moi avons beaucoup échangé sur les soins que je prodiguais aux animaux. En octobre 2020, j'ai ouvert mon site internet "Les Résonances de Gaïa". Par la suite, pendant l'hiver 2021, nous avons créé deux formations en ligne sur les animaux et la Méthode des 2 Points, mêlant nos connaissances sur le peuple animal.

En été 2021, Frauke est venue animer un stage – "Être Co-créateur du Nouveau Monde" – à Bogève, petit village au cœur de la montagne en Haute-Savoie, stage réunissant de nombreux formateurs de RESONANCE QUANTIQUE et des participants qui avaient déjà suivi plusieurs stages de la Méthode des 2 Points. C'est là que j'ai rencontré Aurélie Bonnamy, communicatrice animalière en Vendée, et plusieurs femmes qui, plus tard, sont devenues également des "fées quantiques", ma famille d'âmes. En janvier 2022, j'ai intégré la seconde formation des formateurs/formatrices de la Méthode des 2 Points, une expérience "quantastique" qui a duré une année.

Aujourd'hui ma vie a changé. La M2P fait partie intégrante de mon quotidien et la lumière brille en permanence dans mon cœur. Je sais aujourd'hui que la plus grande force est l'Amour. Je suis devenue co-créatrice de ma réalité. Je me lève tous les matins avec des étoiles dans les yeux car je sais que la vie peut être belle et que l'on peut se libérer du poids de la souffrance, de l'emprisonnement et de ses peurs. Je suis aujourd'hui enseignante de musique à temps partiel au collège. Je propose parallèlement des stages de Communication Animale pour former enfants et adultes en présentiel dans la région Auvergne-Rhône Alpes et par Zoom avec Aurélie Bonnamy. J'anime également des formations de la Méthode des 2 Points en présentiel et en Zoom.

Je raconte souvent lors des stages que j'ai eu deux naissances : le 1er octobre 1969 et le 12 mai 2020, ma seconde naissance "spirituelle". Je n'ai pas de mots assez forts pour remercier Frauke qui m'accompagne et me guide depuis ce stage à Bordeaux. Ensemble, et avec les fées quantiques, nous construisons le nouveau monde.

De cœur à cœur
Sandrine

"On ne voit bien qu'avec le cœur. L'essentiel est invisible pour les yeux"

Extrait du "Petit Prince" d'Antoine de Saint Exupéry

17. Formation 1 via ZOOM – Module "Le Point Zéro"

Le 29 mai 2024, j'animais la formation Zoom pour débutants "Formule 1". Pendant cette session, nous avons pratiqué en binômes le module du "Point Zéro[28]". J'ai d'abord donné un soin à Kevin, mon binôme. Une fois le soin terminé, il m'a partagé ses ressentis, puis nous avons inversé les rôles et Kevin m'a donné un soin à son tour. Son fond d'écran sur Zoom montrait un paysage avec la mer et des palmiers, masquant l'intérieur de la pièce où il se trouvait réellement.

Ce module du Point Zéro comporte 3 intentions :

1. "Prends conscience que ton point de vue sur le thème est limité et lâche prise – intégration – activation"

2. "Plonge dans le Point Zéro en toi !! intégration – activation"

3. "Accueille dans la joie et la gratitude la réponse de la source en toi – intégration – activation"

Ce module a été très intense pour tous les participants. Lorsque Kevin m'a donné le soin, il a ressenti une activité intense au niveau de mon chakra du cœur et perçu des ondes parcourant tout mon corps.

De mon côté, j'ai senti des ondes monter de mes pieds jusqu'à ma tête et redescendre, accompagnées d'une sensation de vent frais et d'une grande lumière au niveau du cœur. Lors de la dernière intention, j'ai ressenti une ouverture au niveau de mon chakra du troisième œil. J'ai alors eu une

---

28 Dans la Méthode des 2 Points, le point zéro est un état de conscience neutre, où l'on suspend tout jugement, toutes attentes et pensées. C'est un espace de pure potentialité, où l'on se connecte au champ quantique, ce qui permet de déclencher des transformations profondes. C'est un point de silence intérieur, où tout est possible et où l'énergie peut circuler librement pour créer un nouvel état de cohérence à partir du cœur.

vision très précise d'un phare rouge et blanc, avec un champ visuel à 360 degrés grâce à l'éclairage de la lampe du phare. Je voyais le phare entouré par la mer, construit sur une avancée en béton qui semblait partir de mon troisième œil.

Kevin s'est mis à rire et nous a expliqué que ce que je venais de lui dire l'avait troublé. Il a ensuite enlevé son fond d'écran, révélant l'intérieur de sa cuisine. Sur son mur, il y avait un grand tableau représentant un phare rouge et blanc, avec une avancée en béton entourée d'eau, exactement comme dans ma vision.

Quelle belle expérience de vision à distance (*Remote Viewing*) !

La vision précise du phare et sa confirmation par le tableau de Kevin illustrent ce phénomène riche de signification et de mystère. Cela montre comment la conscience humaine peut parfois transcender les limites spatio-temporelles et révéler des connexions cachées, éclairant ainsi notre compréhension de la réalité et des potentiels de la perception humaine.

La Méthode des 2 Points a joué un rôle clé en facilitant cette connexion, renforçant ma capacité à percevoir et à intégrer ces expériences extraordinaires.

18. Ma Connexion avec le Champ : Plongez dans mon Monde Enchanté

Lorsque j'effectue un soin de la Méthode des 2 Points pour une personne ou un animal, c'est comme si une page blanche se présentait devant moi. Je me tiens là, sans savoir ce qui va émerger de cette toile vierge, sans prétention quant aux résultats possibles, libre de tout contrôle et de toute attente. C'est dans cet état de confiance que je me connecte à la force du Champ. En lâchant prise et en jouant dans le "grand bac à sable", je crée un espace de liberté où la magie peut véritablement opérer. C'est dans le Champ du Cœur, cet espace sacré niché tout au fond du cœur humain où tout est possible, que je trouve l'inspiration pour accompagner chacun sur le chemin de la guérison et du bien-être.

Tout commence donc lorsque je me connecte au Champ du Cœur où réside l'étincelle divine. Je débute toujours par l'activation du Module de Base suivi de la Ligne du Temps[29], qui constituent les piliers fondamentaux de chacun de mes soins. Ces modules ouvrent la voie vers d'infinies possibilités et potentialités. Ensuite, en fonction des thèmes abordés, je peux ajouter d'autres modules spécifiques, tels que les programmes, les croyances, les Constellations, l'harmonisation des chakras ou toute autre intention liée au thème. Puis je laisse mon cœur d'enfant prendre les commandes. Ce qui rend mes soins véritablement spécifiques, ce sont les intentions que j'écris spécialement pour chaque séance. Guidée par une imagination riche, j'insuffle à chaque intention une

---

29 Les modules mentionnés dans ce texte, tels que **la Ligne du Temps**, le Module de Base, les programmes, les croyances, les constellations, ou encore l'harmonisation des chakras, font partie d'une large gamme de modules enseignés dans les formations de la Méthode des 2 Points. Ces modules offrent une panoplie d'outils permettant d'explorer et d'appliquer diverses approches en fonction des besoins et des thèmes abordés.

dose de créativité et de magie, comme un enfant dessinant son univers enchanté sur une page blanche.

Depuis mon plus jeune âge, les films enchanteurs de Walt Disney ont été une source constante d'inspiration. Dans ces histoires magiques j'ai découvert la beauté de croire en l'impossible, de rêver en grand et d'embrasser la magie qui réside dans chaque instant. J'avais des étoiles dans les yeux à chaque nouvelle aventure, à chaque rencontre avec des personnages féériques et à chaque dénouement merveilleux. Ces contes m'ont enseigné que tout est possible si on croit en ses rêves, si on laisse parler son cœur et si on accueille chaque instant avec Joie et Gratitude. Ainsi je m'élance dans chaque soin avec enthousiasme et émerveillement, sachant que je suis guidée à la fois par la magie de l'enfance et par la sagesse de l'univers. Avec une touche de fantaisie et une pincée d'émerveillement, je crée un monde où les miracles sont possibles et où la guérison émane d'une danse joyeuse entre le cœur et l'âme.

Je vous propose d'entrer dans mon monde enchanté, où la magie et la créativité s'entremêlent pour créer des soins quantiques empreints de merveilleux.

Dans cet univers enchanté, les élémentaux, les fées avec leur baguette magique, les lutins espiègles et les géants se mêlent aux personnages imaginaires, comme Popeye et ses épinards magiques, Mr Propre... Je m'inspire aussi des animaux et de leurs univers, comme les castors qui construisent des barrages avec une précision étonnante, les aigles et leur vue acérée... Je me connecte également avec les meilleurs vétérinaires quantiques[30], experts bienveillants qui apportent leur savoir-faire pour guérir nos amis les animaux.

---

30 *Dans le monde nouveau que je crée avec le cœur, les vétérinaires quantiques disposent de toutes les ressources présentes dans le champ informationnel quantique pour diagnostiquer et traiter les maladies. Ils peuvent ainsi dispenser des soins non invasifs, ultraprécis et efficaces.*

Chaque objet de la réalité ordinaire peut devenir un instrument de transformation quantique ou un être animé.

Par exemple les aspirateurs absorbent l'ombre qui encombre le corps et l'évacuent hors du champ énergétique de la personne, libérant ainsi de l'espace pour la lumière. Les bouillottes, sources de chaleur et d'apaisement, enveloppent les êtres dans leur douceur, réchauffant les cœurs refroidis par les épreuves. Des ouvriers du bâtiment, en véritables héros, débarquent avec leurs engins puissants, comme des tractopelles ou des pelleteuses pour nettoyer les organes ; ou alors, des ramoneurs, gardiens des conduits intérieurs, s'aventurent dans les canaux auditifs pour les déboucher.

Pour faire le lien entre cet univers enchanteur et les modules pratiques de la Méthode des 2 Points (M2P), je vous invite à découvrir de manière concrète comment ces concepts se traduisent en pratiques. Vous aurez ainsi un aperçu de ce à quoi ressemble un module M2P et comment il est mis en œuvre, comme dans le module "Retrouver son Âme d'Enfant", qui vous guidera dans une exploration sensorielle et joyeuse de votre propre univers.

19. Retrouver son Âme d'Enfant – Module M2P

- Tout est énergie, lumière et information
- Thème : *"Retrouver mon âme d'enfant"*
- Je suis consciente de mes deux mains en même temps
- Je me centre dans l'espace sacré de mon cœur, là où tout est joie et gratitude
- Je connecte les trois points en même temps
- Je dis intérieurement : *Mon cœur salue le grand cœur cosmique*
- Je relie consciemment le thème avec ma main gauche
- J'intrique[31] dans ma main droite les intentions suivantes :

    1e Intention : Je vibre à chaque instant avec émerveillement. ACTIVATION

    2e Intention : Les fées, les lutins, les animaux me guident et m'accompagnent. ACTIVATION

    3e Intention : Je retrouve mon âme d'enfant en toute simplicité et en connexion avec le tout. ACTIVATION

    4e Intention : J'accueille avec gratitude ce feu d'artifice d'amour et de joie en moi. ACTIVATION

---

[31] *Intrication des champs d'information : L'intrication des champs d'information désigne un phénomène où deux ou plusieurs systèmes partagent des informations de manière interconnectée et instantanée, indépendamment de la distance qui les sépare. Cela implique que toute modification dans l'un des systèmes affecte immédiatement les autres, illustrant un lien profond au niveau quantique.*

- J'éprouve de la joie et de la gratitude
- Je dis intérieurement : *"En accord avec la vibration de l'âme et le plan de l'Esprit"*

Sandrine Lebay

20. Le Peuple des Vers Luisants ou Lucioles

Le 4 juillet 2022, comme chaque soir d'été, je me plais à déambuler dans le jardin tandis que la quiétude s'installe peu à peu. Le silence enveloppe l'environnement d'une douceur apaisante. Soudain, une lueur étincelante entre les pattes de Niloo, notre chienne, attire mon regard : un ver luisant qui captive mon attention. Je suis saisie par cette rencontre inattendue car il est rare de croiser ces petits êtres magiques de nos jours, leur existence étant menacée par la pollution et les pesticides. Pourtant, malgré ces dangers, cet insecte persiste, apportant son éclat dans l'obscurité de la nuit. C'est un véritable trésor de la nature, doté du pouvoir extraordinaire de dissiper l'obscurité en illuminant la nuit de sa lueur féerique. Rien ne saurait égaler la joie qui m'envahit à l'instant même où je l'aperçois. Je me réveille le lendemain, envahie par une sensation étrange mais excitante : c'est le moment idéal pour entrer en contact avec l'âme de groupe des vers luisants[32]. Hier soir, la présence de cet insecte m'a remplie de bonheur, me laissant avec une curiosité intense quant à leur vision du monde.

Communication avec le peuple des vers luisants le 5 juillet 2022

Lorsque je me connecte à l'âme de groupe, je suis d'abord enveloppée par l'obscurité, ne percevant rien autour de moi. Puis, lentement, la magie commence à opérer : un ciel étoilé se dessine devant mes yeux intérieurs. Au loin, un éclat

---

[32] Les vers luisants et les lucioles appartiennent à la famille des lampyridés. Les lucioles, rares et spécifiques aux Alpes du Sud, se distinguent des vers luisants, présents partout en France. Chez les vers luisants, la femelle, dépourvue d'ailes, reste au sol et émet une lumière continue pour attirer les mâles. En revanche, chez les lucioles, les mâles et les femelles produisent une lumière intermittente (et non continue).

attire mon regard, grandissant peu à peu jusqu'à ce que je distingue la forme d'un grand ver luisant. Il flotte là-haut dans le ciel, majestueux et lumineux, voletant sur place avec ses grandes antennes pointées dans ma direction, prêt à recevoir les questions que je m'apprête à lui poser.

"Regarde, je suis là, je suis Lumière" me dit-il. Un dialogue s'installe et je lui pose plusieurs questions :

Est-ce que tu représentes l'âme individuelle ou l'âme de groupe[33] des vers luisants ? Il me répond : "Je représente l'âme de groupe, le ver luisant que tu as vu hier soir est une cellule du Grand Tout et il y en a beaucoup d'autres. Ouvre tes yeux, observe et tu nous rencontreras".

Que faites-vous dans la journée ? "Nous avons une activité silencieuse, sur terre personne ne nous devine. Nous vivons en groupe, nous nous rassemblons à la tombée de la nuit, lorsque les températures sont plus clémentes. Lorsqu'il fait nuit, nous sortons, nous éclairons la nuit pour rappeler que la lumière est partout, à l'extérieur et à l'intérieur de nous. Nous sommes un repère pour les animaux, les minéraux, les rivières qui nous voient de loin. Nous voulons éclairer et guider les êtres de lumière pour leur dire qu'ils ne sont pas seuls : Nous sommes tous reliés et guidés".

Quelle était la raison de la présence de ce ver luisant juste entre les pattes de Niloo, notre chienne ? "Nous savions que tu le verrais à cet endroit, c'était une messagère de lumière pour que tu communiques avec moi".

As-tu un message ? "Oui, bien sûr, nous savons que tu as ce soleil en toi qui brille mais que parfois, tu doutes. Nous sommes là pour te rappeler que ce que tu vois à l'extérieur est ce que tu possèdes à l'intérieur : la lumière et l'amour ; n'oublie jamais. Laisse-toi guider par le soleil qui se lève, le chant des oiseaux, accueille ce que la vie t'offre, connecte-toi à Gaïa la

---

33 *L'âme de groupe* : Voir chapitre 33. *L'Âme Collective des Animaux d'après Rudolf Steiner*

mère terre, remercie-la pour tout ce qu'elle vous offre, à vous les humains."

Comment ressentez-vous les humains ? "Nous les voyons plutôt comme des énergies qui passent très vite, sans prendre le temps de voir, sans regarder. Nous, le peuple animal, avons tellement de choses à vous apprendre : juste voir les cadeaux de la vie. Nous avons un temps de vie très court, mais peu importe car le temps n'existe pas et, après notre passage sur terre, notre âme est toujours présente dans l'amour. Nous avons besoin de messagers de l'amour et tu en fais partie. N'oublie jamais que la lumière se trouve à l'intérieur de toi et que tu as toutes les ressources en toi".

Je suis reconnaissante envers cet insecte impressionnant, emblème du peuple des vers luisants, représentant chaque cellule du Grand Tout. À cet instant précis, je lève mes yeux intérieurs vers le ciel et je remarque des centaines de vers luisants qui scintillent, nous rappelant la lumière qui réside en nous.

21. Retrouvez vos Capacités Télépathiques pour Communiquer

Dans le cadre de nos formations, une question revient souvent, et à juste titre : Lorsque nous communiquons avec les animaux, est-ce simplement de la télépathie ?

La télépathie, telle que définie traditionnellement, désigne la capacité de communiquer à distance par la pensée, une forme d'interaction effective extrasensorielle. Même si la communication avec les animaux peut être considérée comme une forme de télépathie, il est crucial de noter que la science conteste son existence et qu'elle n'a pas encore été validée par des études reconnues au sein de la communauté scientifique. Les expériences de Communication Animale restent donc subjectives et leur efficacité ne peut être vérifiée qu'empiriquement. Et dans la communauté de RESONANCE QUANTIQUE, c'est une expérience que nous faisons très souvent.

Pour plus de clarté et de précision, il convient de distinguer la Communication Animale de la télépathie.

La Communication Animale, est spécifiquement axée sur l'échange entre un être humain et un animal ; mais, sous la dénomination de "Communication par l'intuition" ou "Communication intuitive", elle peut également s'étendre à d'autres formes de vie telles que les plantes ou les éléments naturels, voire même aux enfants avant l'acquisition du langage, jusque in utero.

La Communication Animale, donne la parole aux animaux et permet aux humains de comprendre leurs besoins et leurs émotions. Contrairement à la télépathie, elle n'est pas limitée par le temps et peut être perçue après un certain délai. Elle implique une écoute et une transmission conscientes et intuitives par tous nos sens et permet l'échange d'informations sous forme de perceptions, qu'elles soient conscientes ou pas pour l'animal. (N'oublions pas, en ce qui concerne les animaux sauvages, que ceux-ci restent soumis à leurs instincts.) Nous percevons ces informations grâce à nos canaux sensoriels, sous forme d'images, de sons, de mots, de phrases, de mini-films, d'évidences, de sensations, de ressentis, d'émotions...

Quant à la télépathie, elle est souvent définie comme la transmission directe d'informations entre deux individus sans l'utilisation des cinq sens connus ou de tout autre moyen de communication conventionnelle.

Dans le cas de la télépathie entre humains, deux individus peuvent aussi partager la même pensée simultanément, sans qu'il soit possible de déterminer qui l'a eue en premier. Elle peut inclure la transmission de pensées, d'images visuelles ou de sentiments, et est généralement perçue comme instantanée et fugace, se produisant souvent entre des personnes ayant une certaine intimité.

Toutefois, malgré ces différences, la télépathie et la Communication Animale partagent des similitudes importantes. Les deux pratiques utilisent une connexion intuitive pour échanger des informations au-delà du langage parlé. Elles reconnaissent également une interconnexion universelle, où chaque être est relié aux autres à un niveau profond, par le biais de l'étincelle divine présente en chacun de nous. Cela nous permet une communication au-delà des frontières physiques et linguistiques conventionnelles. Elles nécessitent toutes deux une forme d'écoute intérieure ou de réceptivité à des niveaux de conscience plus larges, permettant aux praticiens d'être ouverts à recevoir des impressions ou des émotions de manière intuitive.

Ainsi, bien que la télépathie et la Communication Animale soient deux pratiques distinctes, elles partagent des aspects de connexion intuitive et de communication non verbale. Chacune offre des moyens d'explorer les dimensions spirituelles de la communication et de la connexion avec d'autres formes de vie, bien que leurs objectifs et leurs domaines d'application puissent différer.

22. La Visualisation Quantique

Lors de mon premier stage à Bordeaux en juillet 2020, j'ai découvert la Visualisation Quantique[34]. Les modules du sac à dos et du recyclage[35] m'ont emmenée dans un monde d'imagination, d'intuition et de création où les informations se dévoilent sous forme d'images. Une exploration ludique et captivante.

En août 2021, Nathalie m'a sollicitée pour une communication et un soin concernant son chat Nelson, en proie à des problèmes rénaux sévères. Hospitalisé et sous perfusion son état se détériorait rapidement. Lors du soin, Nelson m'a transmis l'image de l'intérieur de ses reins. J'ai vu une masse noire visqueuse. J'ai demandé la transformation de cette masse en lumière puis j'ai mis en place une poche virtuelle pour nettoyer les reins matin et soir. Nelson ressentait chaque étape. Le jour suivant il s'est relevé pour boire et manger. C'était ma première plongée dans la Visualisation Quantique.

Depuis, cette pratique a pris sa place dans mes soins de la Méthode des 2 Points.

Comment peut-on expliquer la Visualisation Quantique ?

Avec la Méthode des 2 Points, nous mettons notre conscience dans plusieurs points au même moment, d'abord dans les deux mains, puis dans notre cœur... Le mental se tait, laissant place à la conscience. Nous pénétrons dans un état de conscience modifié, activant le cerveau droit : intuition, créativité, émotions et perceptions intérieures prennent vie, ouvrant la porte à un univers infini de possibilités. C'est l'ouverture du champ des possibles.

---

34 Nous percevons cette manière de voir comme une fréquence différente, à travers laquelle la vie nous révèle certains champs d'information. Cela nous permet de lever les blocages et de donner simultanément, si désiré, un nouveau sens et une nouvelle signification aux choses.
35 Les modules du Sac à Dos et du Recyclage sont enseignés dans le stage M2P niv. 1 en présentiel.

Dans mes soins, je me relie de cœur à cœur avec la personne ou l'animal. Un thème est activé et des images vont se présenter : ce sont des informations. On parle alors d'intrication quantique : dans le champ quantique, les images sont intriquées avec l'histoire, le thème.

Je commence toujours par des modules de la Méthode des 2 Points puis, si cela se présente, je vais explorer le corps de la personne ou de l'animal. Très souvent, des images se présentent par rapport au thème énoncé mais il se peut aussi que je demande aux fées, aux lutins d'intervenir... et des ressources inattendues peuvent se manifester. Je vais ensuite transformer, libérer, harmoniser... des situations. Je joue avec le champ, je change l'histoire et l'animal ou la personne peut ressentir ces changements.

Dans son livre "Matrice Énergétique", Richard Bartlett nous enseigne qu'en modifiant consciemment la façon dont nous percevons les situations nous ouvrons la porte à de nouvelles possibilités.

La Visualisation Quantique, c'est dépasser nos croyances. C'est "jouer dans le grand bac à sable", comme l'explique souvent Frauke. C'est de la création pure. C'est redevenir l'enfant que nous étions, émerveillés à chaque instant.

Cette approche nous permet d'explorer le champ quantique de manière créative, en jouant avec les possibilités infinies qui s'offrent à nous.

"Ce que vous pensez, vous le devenez.
Ce que vous ressentez, vous l'attirez.
Ce que vous imaginez, vous le créez."

Bouddha

23. Les Bulles de Bien-Être par Sandrine

Lorsqu'une personne me contacte pour un soin ou une communication pour son animal, je lui explique que je travaille à distance, transcendant ainsi les contraintes temporelles et spatiales grâce à la nature quantique de mon approche. Même si des milliers de kilomètres nous séparent, cela ne pose aucun problème dans ce contexte.

Après avoir effectué un ancrage et le protocole de la Méthode des 2 Points, je me connecte de "cœur à cœur" avec l'animal. Si celui-ci consent à recevoir un soin ou à communiquer, je l'invite à me rejoindre dans un espace que je crée : la bulle de bien-être.

Je visualise un pont de lumière entre nos cœurs reliant notre réalité actuelle à une autre réalité, un autre monde parallèle, invitant l'animal à traverser ce pont pour me rejoindre de l'autre côté où je l'attends pour l'accueillir.

Ce pont me donne beaucoup d'informations sur son état émotionnel, physique et son caractère. Comme chaque pensée est créatrice, je peux à tout moment modifier la structure du pont mais aussi sa taille, ses couleurs... si cela est nécessaire. Je me rappelle d'un cheval craintif qui n'osait pas traverser car les couleurs du pont étaient trop vives. J'ai donc baissé l'intensité lumineuse.

Une fois l'animal de l'autre côté du pont, je l'invite à me suivre dans ma bulle. C'est un endroit que je connais bien et que j'apprécie, un alpage en montagne avec une magnifique vue sur le Mont Blanc en Haute-Savoie. Le soleil brille toujours et la température y est agréable. L'herbe est mi-haute, la nature est luxuriante avec une profusion de fleurs, de papillons et d'insectes. Il n'y a ni barrières ni frontières, l'infini s'étend devant nous.

Dans cet environnement, je suis assise en tailleur sur un rocher plat (semblable à un dolmen) et en face, un rocher plus petit est prévu pour les animaux, en particulier les chats, les chiens et les lapins. Les animaux plus grands, tels que les chevaux, ânes, moutons peuvent brouter l'herbe délicieuse à proximité.

J'emmène donc les animaux dans cet espace pour pouvoir communiquer avec eux ou leur prodiguer un soin. Mais avant, je les laisse libres d'expérimenter, de découvrir ce nouvel environnement. Cette étape est importante car je laisse la possibilité à l'animal de s'exprimer, de faire connaissance avec cet espace. Certains partent se promener, des chats chassent, des chevaux galopent au gré du vent, d'autres restent près de moi. Cet endroit peut également être un espace ludique où un chien me sollicite pour jouer à la balle. Les possibilités sont infinies. Pour d'autres, cela peut être un temps calme, voire méditatif, avant notre échange ou notre séance.

Cet endroit est apaisant pour les animaux et souvent leurs pensées deviennent plus calmes. Les fréquences sont plus élevées et ils peuvent se connecter à la lumière et être reliés à l'esprit des animaux. Dans mon travail, c'est une étape intéressante car je peux voir comment l'animal se comporte dans un environnement extérieur, cela me donne de nombreuses informations.

Cette bulle n'est pas fixe et elle est modulable selon les animaux. Je peux créer à chaque moment : rajouter un ou plusieurs chemins, mettre une rivière, une cascade… Naturellement, l'animal vient ensuite me rejoindre et nous pouvons entamer notre communication ou un soin.

A la fin de la communication ou du soin, je remercie l'animal et le raccompagne jusqu'au pont de lumière qu'il retraverse généralement tout seul.

J'aimerais vous partager quelques passages de mes communications avec les animaux que j'ai emmenés dans ma bulle :

Sully, petite chienne de 5 ans

Dans l'immensité de cet espace, Sully, avec sa nature plus réservée, choisit de ne pas trop s'éloigner de moi. Je saisis une balle et la lui lance dans l'immensité de l'alpage. À chaque lancer, elle revient vers moi, la balle dans sa gueule, prête à recommencer cette danse infinie de jeu et de complicité. C'est un moment simple mais profond, une célébration de l'instant présent au cœur de cette bulle de bien-être.

Elle me dit : "Cet endroit est magnifique et surtout je ne ressens aucune émotion négative. Il y a une fréquence très haute, je ressens la lumière, c'est ce dont j'ai besoin pour me reconnecter à mon essence. Ici, mes peurs s'estompent et je redeviens moi."

Moon, chat de 3 ans

Moon, dans toute sa splendeur, a traversé le pont de lumière avec une démarche altière, la tête haute. Dans ma bulle, il a bondi avec grâce sur mon rocher, réclamant des caresses. Puis il s'est aventuré avec précaution dans l'immensité de l'alpage qui s'offrait à lui. Son exploration était empreinte de délicatesse, marchant à pas de velours, absorbant les détails du paysage.

Il me dit : "J'ai toujours essayé d'imaginer ce que serait la vie en dehors de la maison et ici je peux l'expérimenter, c'est encore plus fort et plus beau que tout ce que j'avais déjà imaginé. Il y a tellement de choses à découvrir. Je ressens aussi la présence d'autres animaux et l'instinct de chasse reprend vite même si je n'ai jamais chassé car je vis en appartement. Ce paysage est magnifique et même, je dirais splendide : il y règne une harmonie parfaite et l'on ressent l'Amour avec un grand A et aussi la lumière. Cette lumière que l'on a dans notre cœur, je la ressens encore plus fortement dans ta bulle."

Fanny, chatte de 6 mois

Fanny traverse le pont de lumière calmement et celui-ci s'illumine à son passage. Elle vient dans ma bulle et reste près de moi. Elle ne va pas explorer comme beaucoup de chats mais se pose sur le petit rocher et ferme les yeux. Elle médite, puis la lumière descend sur elle et l'enveloppe. A son tour, elle m'envoie beaucoup d'amour et de lumière. Elle me dit : "Ressens cette lumière, elle va te nourrir toi aussi, accueille-la tel un cadeau".

Yani, éléphante dans un centre de rééducation en Thaïlande

Yani veut bien traverser ce pont de lumière mais il lui semble beaucoup trop étroit pour qu'elle puisse passer et la lumière la gêne. À ma demande, le pont s'élargit pour accueillir l'éléphante dans une lumière tamisée, plus douce pour ses yeux sensibles. La bulle s'est ouverte sur une vaste plaine en Thaïlande où d'autres éléphants se tiennent majestueusement. C'est un paysage de liberté, une toile éthérée où les éléphants peuvent vagabonder sans entraves. C'est précisément ce qu'a demandé Yani.

À peine ses yeux se sont-ils posés sur le troupeau qu'une transformation s'opère. L'expression de Yani a changé et une lueur d'émotion embrase son regard. Elle se lance avec une rapidité surprenante vers les autres éléphants, comme si ce grand espace était une invitation à renouer avec une mémoire ancestrale.

C'est dans cet espace que Yani m'a partagé ses pensées, révélant une sagesse profonde. "Ce grand espace, c'est la liberté", a-t-elle murmuré. Ses paroles ont dévoilé un passé où les éléphants étaient vénérés par les hommes, où un équilibre sacré existait entre le règne humain et animal.

Max, chien Husky de 5 ans

Au cœur de ma bulle de bien-être, Max s'est invité avec une requête particulière. Il exprimait le désir subtil de transformer l'alpage printanier en un paysage d'hiver, une expérience qu'il n'avait vécue qu'une seule fois en montagne. Instantanément, l'environnement s'est plié à son souhait, changeant l'herbe mi-haute en une couche de neige étincelante sous une lumière douce. Le tableau évoquait un conte hivernal et Max est parti explorer, jouer et se rouler dans la neige. Il était tellement heureux que j'ai pu le ressentir dans mon cœur. Puis il est venu vers moi afin que nous communiquions ensemble.

24. Exercice Pratique pour créer un Pont de Lumière

Si tu souhaites tenter cette pratique, tu peux te relier à ton animal (chat, chien...) ou, si tu n'en as pas, sortir et établir un lien avec un oiseau, un écureuil... Dans ton cœur, demande-lui s'il est d'accord pour participer à cet exercice pratique. Tu percevras une réponse. Si l'animal ne souhaite pas communiquer, n'insiste pas et choisis un autre animal. Je vais te guider pas à pas...

a. *Préparation* :
- Trouve un endroit calme où tu pourras te détendre complètement.
- Installé-toi confortablement et ferme les yeux.
- Prends quelques instants pour te concentrer sur ta respiration, en inspirant profondément et en expirant lentement.

b. *Connexion à la Terre et à la Lumière* :
- Imagine des racines descendant depuis tes pieds dans la terre et ressens ta connexion à Gaïa.
- Visualise ensuite la lumière au centre de Gaïa... Elle remonte à travers ces racines, passe par tout ton corps et atteint le sommet de ta tête.
- Connecte-toi ensuite au Soleil Universel... La lumière redescend par le sommet de ta tête jusque dans l'espace de ton cœur, où se trouvent la Joie, la Gratitude et la Source originelle.

c. *Accès à l'Espace de ton Cœur* :
- Ressens cette vibration de bien-être, de connexion.

d. *Création du Pont de Lumière* :

- Imagine un pont de lumière. Laisse libre cours à ton imagination : peut-être est-il fait de bois vieilli, de pierres lisses ou enjambe-t-il une rivière scintillante... Prends l'image qui résonne le plus en toi.
- Joue avec la lumière, elle peut être tamisée, constante ou discrète, éclairant doucement le pont.
- Observe comment la lumière se reflète sur le pont. Ressens la sécurité et la stabilité qu'elle offrira à l'animal lorsqu'il avancera avec confiance jusqu'au milieu du pont, puis vers toi, de ton côté, où tu l'accueilleras chaleureusement dans un espace protégé.

e. *Détente et Connexion* :

- Pendant que tu imagines ce pont de lumière, laisse aller toute tension ou inquiétude.
- Sens-toi en harmonie avec l'environnement paisible qui t'entoure.
- Respire profondément et permets-toi de ressentir la connexion profonde avec la nature, les animaux et toi-même.

f. *Accueil de l'Animal* :

- Quand l'animal te rejoint de ton côté du pont de lumière, sens-toi libre d'expérimenter. Peut-être auras-tu des images ou entendras-tu quelque chose. Tu peux communiquer avec lui et recevoir ses messages. Prends conscience des émotions qui sont en toi jusqu'au moment où tu termineras cette rencontre de cœur à cœur et d'âme à âme.
- Observe comment l'animal repart de l'autre côté du pont.

g. *Conclusion* :
- À la fin de cet exercice, note pour toi-même, dans un petit carnet, ce que tu as perçu : (sensations, émotions), ce que tu as vu et/ou entendu, etc…
- Répète cet exercice plusieurs fois avec différents animaux et écris les détails de chaque expérience.

h. *Savourer la Sérénité* :
- Une fois ton pont de lumière créé, savoure la sensation de paix et de sérénité qu'il t'apporte. Souviens-toi que ce pont sera toujours là, prêt à être utilisé chaque fois que tu voudras te connecter avec les animaux, de cœur à cœur. Ce pont de lumière symbolise l'interconnexion entre toutes choses, entre tous les êtres.
- En suivant ces étapes, tu pourras établir une connexion profonde avec la nature et les animaux ou bien avec une personne.

25. Comment peut-on créer un Monde Parallèle, une Bulle de Bien-Être, où nous pouvons nous rendre Humains comme Animaux ?

Avec la Méthode des 2 Points, en mettant notre conscience dans nos deux mains et notre cœur, nous accédons au Champ Quantique, le champ de tous les possibles. Le mental pré-programmé ne peut plus fonctionner, c'est la conscience qui perçoit.

Nous entrons dans un état de conscience modifié. Nous allons créer une nouvelle variante avec la sagesse du cœur.

Dans notre vie en trois dimensions, nous sommes trop limités dans nos pensées car nous sommes conditionnés par nos croyances et nos programmes. Avec la Méthode des 2 Points nous allons ouvrir les possibilités.

Nous entrons dans la Visualisation Quantique. Nous pouvons donc imaginer un pont de lumière, un lien qui représente la voie quantique vers le bien-être. En prolongeant cette visualisation, nous sommes capables de créer une bulle de bien-être... Cette bulle représente l'environnement optimal pour l'animal.

En résumé, la création d'une bulle de bien-être avec la Méthode des 2 Points implique une approche quantique intentionnelle et créative. C'est un processus fluide pour créer un espace optimal de bien-être, permettant ainsi une Communication Animale profonde et bienveillante.

26. La Communication Animale et la M2P : Misty, le Miracle de Noël

Cette histoire met en lumière l'importance de prendre en compte le bien-être émotionnel des animaux, et montre comment des approches comme la Communication Animale et les soins de la Méthode des 2 Points peuvent être bénéfiques pour renforcer le lien entre les humains aussi bien qu'entre les animaux.

Pour un chat, l'arrivée de nouveaux membres dans la famille, qu'il s'agisse d'un bébé humain ou d'un autre animal, peut perturber profondément la perception qu'il a de son territoire et de sa place au sein du foyer. Il peut se sentir envahi ou exclu, ce qui peut déclencher une série de comportements indésirables tels que de la jalousie, de l'anxiété, voire même de l'agressivité ou des problèmes de propreté. Il est essentiel de reconnaître que les chats attachent une grande importance à leur environnement et à leur routine et l'introduction d'un nouvel animal peut bouleverser cet équilibre fragile.

Laissez-moi vous raconter l'histoire de deux chats : Rouky et Misty. En 2017, à Chambéry, Emilie, son mari Thierry et leurs deux enfants, Bastian (14 ans) et Jeanne (16 ans), ont accueilli dans leur foyer Rouky, un félin roux au caractère bien affirmé. Puis, mi-décembre 2022, l'arrivée de Misty, un petit chaton de 6 mois, a quelque peu perturbé l'harmonie dans le foyer. Rouky a exprimé son mécontentement en faisant pipi en dehors de sa litière et en montrant les griffes à Misty. Face à cette situation, Emilie et Thierry ont décidé de mettre Misty dans le bureau d'Emilie, lui offrant ainsi un espace de sécurité, en attendant que les tensions s'apaisent. Emilie m'a contactée afin de comprendre les raisons du comportement de Rouky mais aussi dans l'espoir d'une meilleure entente entre les deux chats. J'ai donc planifié une

Communication Animale et un soin de la Méthode des 2 Points pour chaque chat.

Communication et soin pour Rouky le 23 décembre 2022 au matin

Je me connecte très facilement avec Rouky qui me dit qu'il pressentait ma venue. Il trône sur son coussin avec une majesté tranquille, puis il se lève et traverse le pont de lumière sans hésitation. Je l'emmène dans ma bulle où il reste près de moi. Il me confie qu'il aime les montagnes et le calme qui s'en dégage. Il me parle ensuite de sa famille : "J'apprécie le contact avec Bastian, j'ai un lien privilégié avec lui, je l'apaise. Ma présence lui fait du bien. Jeanne a ce cœur énorme envers les animaux et chaque cause animale ou humaine la touche ; elle voudrait sauver toute la planète. Thierry est plus discret et Émilie est comme une maman poule, elle aime réunir tout son monde. Nous sommes unis, nous sommes une famille, MA famille." Puis il me parle de Misty : "Il y a une semaine, Misty est arrivé. J'ai ce sentiment de colère mélangé à la peur aussi de perdre ma place. Aujourd'hui, je dois partager et comme tu le sais, le chat et le partage, c'est difficilement compatible." Je lui demande : "Qu'est-ce qui te dérange dans le fait que ta famille ait adopté un deuxième chat ?" Il me répond : "Peut-être qu'ils ne s'en aperçoivent pas mais ils sont tous focalisés sur Misty. Oui, je ne suis pas content, je suis jaloux. Autant je peux être câlin, autant je peux me transformer en dragon". Je lui explique que toute la famille l'aime et qu'il ne va pas perdre sa place. Je le vois hocher la tête. Il me chuchote : "Je suis désolé de me comporter ainsi mais c'est instinctif". Rouky est cependant d'accord pour essayer un soin de la Méthode des 2 Points car il réalise qu'il provoque des tensions et de la peine au sein de sa famille qu'il chérit tant.

Le thème est : "Une meilleure relation avec Misty"

Après le Module de Base et la Ligne du Temps, je continue avec le scan de purification[36]. J'entends les mots suivants : "tristesse, peur de ne plus être aimé par ma famille". Je mets ensuite les intentions suivantes :

- Création d'un lien de tendresse entre Rouky et Misty
- Effacement de la tristesse
- Intégration de l'amour et de la lumière
- Je suis prêt à accueillir des miracles

Puis je termine le soin par un traitement des Fleurs de Bach à intégrer trois fois par jour pendant trois semaines. Rouky me confie qu'il a ressenti, pendant le soin, des vagues d'amour et des ondes qui l'ont apaisé. Il traverse à nouveau le pont de lumière en bâillant.

L'après-midi du 23 décembre, je fais une communication et un soin pour Misty. Dès le début, il m'envoie une image rayonnante du regard pétillant de Bastian, montrant des moments joyeux où ils jouent ensemble. Misty se montre enthousiaste à l'idée de communiquer. Alors qu'il traverse le pont de lumière, ses yeux s'illuminent d'une lueur semblable à celle des étoiles dans un ciel nocturne enchanté, comme si la magie de Noël l'enveloppait et lui faisait découvrir le monde avec l'émerveillement d'un enfant qui découvre tout pour la première fois. Arrivé dans ma bulle, il part à l'aventure. Je le vois jouer, explorer, sauter après les papillons, faire des courses folles. Puis je le rappelle, le laissant s'exprimer. Il m'explique : "Il s'est passé un miracle, j'ai changé de vie. Je découvre ce qu'est une famille. Tu sais, les premiers mois de ma vie – j'appellerais cela de la survie plutôt que le mot vie – j'ai dû me débrouiller seul très rapidement. J'avais souvent faim, je miaulais beaucoup. Ce que je voudrais dire en premier, c'est MERCI. J'ai d'abord eu peur car je ne savais pas où j'allais mais j'ai découvert une famille aimante. Je

---

[36] Le scan de purification est enseigné dans les formations Communication Animale et M2P sur ZOOM chez RESONANCE QUANTIQUE.

découvre un nouveau lieu mais aussi la chaleur d'un foyer. Tu sais, je suis le miracle de Noël. J'aime quand Bastian me caresse sous le menton et lorsque Jeanne me prend dans ses bras, elle me protège et je savoure chaque moment de ma nouvelle vie."

Je lui demande s'il voudrait me parler de Rouky. Il me répond : "La rencontre avec Rouky s'est mal passée, heureusement que je n'étais pas seul. Moi, j'étais très content qu'il y ait un autre chat, mais il m'a vite fait comprendre qu'il était le chef et qu'il ne m'acceptait pas. J'ai du mal à trouver ma place, je sais que je suis chez lui, sur son territoire, mais j'aimerais qu'il m'accepte. Je suis triste mais je ne le montre pas trop, et j'ai peur qu'il me fasse mal. Je n'aime pas non plus quand un des membres de la famille crie sur Rouky, ce n'est pas sa faute, il protège son territoire. Les cris me font peur et me renvoient dans le passé. Tu pourrais peut-être faire passer un message en disant à ma famille de ne pas crier car cela ne sert à rien. Moi, j'ai besoin de tendresse, je suis encore un bébé." Je lui demande s'il est d'accord pour recevoir un soin et il répond positivement, espérant que cela puisse calmer la situation.

Le thème est : "L'apaisement et une meilleure relation entre Rouky et Misty".

Après avoir fait le Module de Base et la Ligne du Temps, je continue avec le scan de purification. J'entends les mots : "Peurs, tristesse, peur d'être rejeté par la famille, peur d'être abandonné de nouveau".

Puis viennent les intentions suivantes :

- Effacer les peurs
- Intégration de la lumière et de l'amour
- Ouverture du cœur pour toute la famille, y compris Rouky
- Création d'un lien de tendresse entre Rouky et Misty

- Intégration de la notion de sécurité.

Je clôture le soin par l'intégration des Fleurs de Bach trois fois par jour pendant un mois. Misty me confie qu'il se sent apaisé. Avant de me quitter, il me murmure que pour lui, je suis une petite fée.

Le 30 décembre, Émilie m'envoie un message. Rouky et Misty ont été mis ensemble dans la même pièce sous surveillance pour la première fois. Rouky a été calme, il est de nouveau propre et n'a pas montré de signes d'agressivité envers Misty. Un bon présage… Elle me demande d'intervenir auprès de chaque chat pour un second soin afin de favoriser une meilleure relation entre eux. Je suggère une brève communication suivie de l'harmonisation des chakras, une étape que je n'ai pas effectuée lors du premier soin.

Le 3 janvier 2023, lors de ma connexion avec Misty, il m'explique qu'il va beaucoup mieux. Il me montre des images de la maison qu'il explore avec une grande curiosité. Il semble plus joyeux mais Rouky le chasse dès qu'il l'aperçoit. Misty exprime son désir de jouer avec lui mais, pour l'instant, Rouky ne semble pas l'accepter. Je fais l'équilibrage et l'harmonisation des chakras (quatre étaient bloqués dont le chakra brachial). Avant de quitter Misty, il me remercie et me murmure : "Je t'aime bien, tu apparais comme une petite fée et ensuite tu disparais".

Plus tard dans la journée, lors de ma connexion avec Rouky, celui-ci me confie qu'il réalise désormais que Misty fait partie intégrante de la famille. Il comprend qu'il devra l'accepter. Il m'explique que, pour un chat, le partage reste difficile. Il insiste sur le fait que c'est sa maison et qu'il restera toujours le chef. Je fais l'harmonisation des chakras (trois chakras étaient bloqués). Rouky partage ses sensations après le soin : il décrit une colonne de lumière parcourant son corps, une sensation plutôt agréable. Les progrès sont visibles jour après jour. Le 31 janvier, Emilie m'envoie une photo : Rouky est sur l'étage supérieur de l'arbre à chat et Misty est en dessous. Misty n'a plus peur et cherche le contact avec Rouky, qui a accepté Misty au sein de la famille, mais il reste le chef incontesté et le mâle dominant. C'est une histoire empreinte des miracles de Noël, où chacun a trouvé sa place dans la nouvelle configuration familiale, permettant ainsi aux deux chats de coexister librement.

Cette histoire est une belle illustration de la sensibilité et des besoins émotionnels des animaux lors de transitions de vie. Emilie et sa famille ont été confrontés à des difficultés après l'adoption de Misty, les deux chats ayant du mal à s'adapter à cette nouvelle situation. Heureusement, Emilie a découvert la Communication Animale qui lui a permis de mieux comprendre les émotions et les préoccupations de ses compagnons félins.

Les séances de la Méthode des 2 Points ont été une révélation. Elles ont aidé à libérer les tensions et les résistances entre Rouky et Misty, favorisant ainsi une atmosphère plus paisible à la maison. L'harmonisation des chakras a également joué un rôle déterminant, permettant aux deux chats de retrouver leur équilibre énergétique et de se sentir plus en phase avec eux-mêmes.

Ah, il me vient une autre histoire avec un chat…

27. Minouch, le Péché de Gourmandise

Christina, résidant à Pretoria en Afrique du Sud, est une véritable passionnée des chats. Elle partage sa vie avec Minouch, Juliette et Siegfried. Fin octobre 2021, elle me contacte, désespérée, car Minouch, son félin de 14 ans, a avalé trois pigeonneaux dix jours auparavant. Malgré les visites chez le vétérinaire, Minouch ne se porte pas bien, il ne mange quasiment plus et présente des troubles intestinaux importants, ce qui préoccupe d'autant plus Christina en raison de la fragilité de son chat qui est diabétique. De plus, Minouch devient littéralement incontrôlable lorsque vient le moment d'aller chez le vétérinaire. Il refuse catégoriquement d'entrer dans sa cage de transport et sa nervosité monte en flèche dès que le vétérinaire tente de le manipuler. En outre, il persiste également à refuser d'avaler les médicaments prescrits malgré les tentatives de Christina pour les lui administrer. En désespoir de cause, Christina m'appelle pour que j'effectue une communication et un soin à distance afin de favoriser le bien-être de son chat.

Communication et soin du 2 novembre 2021

Lorsque j'explique à Minouch pourquoi je veux communiquer avec lui, il acquiesce immédiatement et traverse le pont de lumière tranquillement, montrant fièrement son désir d'être remarqué. Une fois dans ma bulle, je le guide à travers le paysage enchanteur. Il me demande d'ajouter un peu de chaleur car le climat montagnard lui est étranger et il a un peu froid. Il explore, trottine puis s'assied sur un rocher et ferme les yeux. Il partage avec moi ses pensées : "Je contemple, j'admire. Je suis un chat connecté à la nature. Je reçois les informations de l'âme groupe des chats. Souvent je ne dors pas vraiment, j'entends son enseignement. Elle me guide." À ces paroles, je remarque un arc-en-ciel dans le vaste paysage. "Là où tu m'emmènes, j'aime ce calme, cette lumière. Je n'ai jamais rien vu qui ressemble à cet espace-là." Puis il grimpe sur le petit rocher en face de moi, ronronnant paisiblement.

Je le laisse s'exprimer. Il me confie : "Tu sais, je suis un chat heureux. Je me sens tellement bien avec Christina. Elle a un cœur immense et c'est comme une maman pour moi. Le matin, j'aime être le premier à l'accueillir pour lui souhaiter une bonne journée, je me frotte contre ses jambes. J'aime bien qu'elle me remarque car je suis de nature un peu jaloux. J'adore quand elle me prend dans ses bras et me caresse, j'aime être au centre. Christina a des moments pour chacun de nous trois mais j'apprécie particulièrement quand elle est avec moi. Je suis très fusionnel avec elle : je ressens ce qu'elle ressent et même quand elle n'est pas à la maison, je suis connecté avec son cœur. Elle fait partie de moi. Dis-lui que je l'aime d'un amour très pur. Je vis dans le temps présent, je profite. J'aime ma vie."

Ensuite je lui demande comment il se sent après avoir mangé les trois pigeons. Il me répond : "Alors je vais mieux mais j'ai comme un poids dans l'estomac, c'est comme s'il était très lourd et de couleur sombre. Je t'ai dit que j'aimais me reposer mais je suis aussi un très bon chasseur. J'ai cet instinct en moi. Je suis gourmand, j'aime ce qui est bon. L'instinct et le plaisir sont plus forts. Je suis un chat avant tout!"

Je lui propose un soin avec pour thème : "Ça serait génial que tu n'aies plus de douleurs à l'estomac et que tu reviennes à un transit normal".

Après le Module de Base et la Ligne du Temps, je continue avec le module des programmes.

Je passe ensuite en Visualisation Quantique.

Je remarque une couleur sombre dans le corps de Minouch. Un vortex arrive et fait disparaître toute cette noirceur. Je mets ensuite la lumière dans toutes ses cellules. Je vois un tas de fragments d'os très fins et pointus qui bloquent l'entrée de l'estomac. J'appelle plusieurs lutins, chacun équipé d'une hotte, et leur demande de ramasser ces morceaux d'os et de les emporter en forêt, libérant ainsi l'entrée de l'estomac. La masse noire dans l'estomac est enlevée par un aspirateur quantique, puis je tapisse de miel quantique les parois de l'estomac que je vois irritées. Cependant une sensation de mal-être persiste chez Minouch. Alors une petite fée apparaît et avec sa baguette magique, d'un geste gracieux, elle répand une "poudre de fée", apportant une touche de joie au cœur de Minouch.

Après le soin il me confie qu'il ne ressent plus la pesanteur dans son estomac. Il ressent une sensation de faim et de soif et il perçoit des mouvements dans son ventre : des changements sont en train de s'opérer. Il exprime sa gratitude puis retraverse le pont de lumière. Il se retourne pour me dire au revoir.

Le 7 novembre, Christina m'informe que Minouch est épuisé, qu'il se traîne et qu'il refuse même d'aller dehors. Elle est d'avis qu'il nécessite un nouveau soin. Avant d'entamer ce dernier, je m'engage dans une brève communication avec lui.

Minouch me partage : "Je n'ai plus d'énergie, je me sens fatigué et j'ai froid. J'ai l'impression que mon estomac est trop plein. Cela me provoque des douleurs et une perte d'énergie. Tu sais, je suis un chat qui aime bouger, aller dehors. Si je suis inactif, ce n'est pas normal."

Je commence le soin avec le Module de Base puis je passe en Visualisation Quantique : Je vois un nuage gris, telle une nappe de pollution, en suspension dans le corps de Minouch. Ce nuage est aspiré par un grand tuyau qui l'évacue à l'extérieur. En explorant son estomac, je découvre une masse sombre et dense, semblable à du plomb, qui occupe toute la place et bloque la digestion. La couleur noire se transforme alors en lumière. J'applique ensuite une bouillotte pour réchauffer son corps qu'une douce tiédeur envahit. Enfin j'introduis des Fleurs de Bach pour apaiser ses douleurs gastriques (les détails de ce soin sont décrits au chapitre suivant).

À la fin du soin Minouch ressent une chaleur réconfortante dans son cœur et dans son corps et des gargouillements dans son ventre indiquent que sa digestion reprend. Avec reconnaissance, il m'adresse un dernier message : "Je me sens mieux, Sandrine. Je vais peut-être sortir un peu, je sens que j'ai plus chaud. Merci."

Christina continue de me donner régulièrement des nouvelles encourageantes sur l'état de son chat, indiquant qu'il est sur la voie de la guérison. Soucieuse de son bien-être, elle me demande de réaliser une dernière communication et un dernier soin.

Communication et soin du 22 novembre 2021

Quand je me connecte à Minouch, il exprime le souhait de rester dans son jardin qu'il aime tant pour communiquer. Il se roule et s'allonge pour profiter au mieux du soleil sur la terrasse. Je lui demande comment il se sent. Il me répond : "Beaucoup mieux. Avant j'avais des douleurs dans l'estomac, c'était comme s'il était toujours plein. Aujourd'hui j'ai la sensation qu'il est beaucoup plus léger. Tu as fait du bon travail, merci. Je mange aujourd'hui des croquettes, elles ne me font pas mal au ventre et j'ai bon appétit. Tout semble se remettre à fonctionner normalement pour la digestion."

"Est-ce que tu continues à chasser et manger les oiseaux ?"
"Oui, je chasse toujours car c'est mon instinct et une activité que j'apprécie. Cependant j'ai réalisé qu'ingérer plusieurs oiseaux n'était pas bénéfique. J'ai été vraiment malade et cela ne m'a pas réussi du tout. Un oiseau à la fois est suffisant, j'ai bien retenu la leçon." Puis il termine en me parlant de sa relation avec Juliette et Christina. Il me confie : "Quand je n'allais pas bien, Juliette était très présente, plus

que d'habitude, elle comprenait. Elle est comme ma sœur, j'ai un lien très fort avec elle, je l'aime. Christina est toujours là pour nous. Elle est essentielle pour nous et nous sommes essentiels pour elle. Elle nous donne tout son amour, nous l'aimons. Aujourd'hui je vais bien, je vais dehors toute la journée et je suis très actif."

Je termine par un dernier soin. Le thème est : "Le rétablissement optimal pour Minouch". J'utilise uniquement le Module de Base de la Méthode des 2 Points, puis j'ai l'idée d'administrer, de manière quantique, le probiotique prescrit par le vétérinaire que Minouch refusait catégoriquement d'ingérer physiquement. Je mets les intentions suivantes :

- Intégration du probiotique
- Intégration des vitamines quantiques

Après le soin je lui demande s'il veut me partager un dernier message. Il me murmure : "Tu es comme un papillon avec beaucoup de légèreté et beaucoup d'amour pour les animaux. Merci". Je reconduis alors Minouch de l'autre côté du pont de lumière.

Minouch restera gravé dans ma mémoire comme l'un de ces animaux inoubliables. À travers de nombreuses communications et soins pendant plus de deux ans, nous avons tissé un lien profond jusqu'à son départ vers un monde de lumière. Chaque échange nous a rapprochés, transformant sa méfiance initiale en une confiance mutuelle. Il a été un enseignant extraordinaire pour moi, me guidant à travers de nombreuses expériences enrichissantes. Lors de nos multiples échanges, il m'a transmis confiance et sagesse, me prodiguant des conseils avisés et m'encourageant toujours sur la voie que j'ai choisie : celle d'aider les animaux et leurs gardiens à mieux se comprendre et à évoluer vers une meilleure harmonie. Christina a éprouvé un sentiment de réconfort constant tout au long de ce processus. En effet, non seulement elle a bénéficié d'un soutien par nos échanges, mais en plus, étant informée du contenu des messages échangés lors des Communications Animales avec son chat, elle a pu être pleinement rassurée quant à ce qui se passait chez Minouch, tant sur le plan physique que moral. Aujourd'hui, Christina a déjà suivi plusieurs formations par Zoom de la Méthode des 2 Points pour intégrer davantage la conscience quantique dans sa vie.

Je lui suis reconnaissante pour sa confiance en la M2P qui m'a permis d'explorer de nouveaux horizons en matière de soins. Minouch demeurera à jamais une source d'inspiration et de gratitude dans mon cœur.

28. Module M2P : Les Fleurs de Bach de Sigrid

Au cours d'un séjour en Allemagne chez Frauke à l'automne 2021, j'ai eu l'opportunité de rencontrer Sigrid, la mère de Frauke, spécialiste des Fleurs de Bach. Ces élixirs floraux, développés par le Dr Edward Bach[37] en 1930, comprennent 38 essences florales qui agissent sur les émotions humaines et animales.

Sigrid m'a proposé un soin, j'étais très enthousiaste de découvrir cette nouvelle méthode. Assise en face de moi autour de la grande table dans le salon, elle m'a demandé quel était mon thème et m'a invitée à choisir six flacons parmi les 38 qui étaient rangés dans un coffret d'un violet profond. Je les ai posés sur la table devant elle. Après avoir fait mon choix, Sigrid a préparé un mélange en dosant les différentes essences dans un seul flacon. Elle m'a indiqué la posologie et m'a demandé de personnaliser le flacon en choisissant une étiquette. De retour en France, j'ai pu en constater les bienfaits sur moi-même.

Jusqu'à présent, quand je faisais un soin sur un animal, je faisais différentes applications de la Méthode des 2 Points (comme le Module de Base et la Ligne du Temps…), mais j'ai eu l'idée d'amener les animaux chez Sigrid pour une séance de soin avec les Fleurs de Bach.

Minouch, le magnifique chat d'Afrique du Sud qui fait l'objet du chapitre précédent, fut le premier à en bénéficier : il avait des problèmes digestifs car, très gourmand, il avait avalé trois pigeonneaux d'un coup. J'ai donc commencé un soin dans ma bulle de bien-être avec le Module de Base de la M2P puis la Ligne du Temps. Je lui ai ensuite expliqué qu'il

---

37 **Edward Bach** (1886–1936). Médecin britannique, d'abord bactériologiste et pathologiste, puis homéopathe, il consacra sa vie à la recherche de remèdes purs pouvant redonner aux malades un état d'esprit positif. Ce sont les 38 préparations florales des Fleurs de Bach.

allait se retrouver chez Sigrid, dans son salon. Les animaux étant des êtres multi-dimensionnels, ils ne sont pas étonnés par ce voyage. Il s'est assis en face de Sigrid et celle-ci l'a accueilli tel un invité puis elle lui a expliqué ce qu'il devait faire. Minouch a donc choisi 6 petits flacons. Sigrid a ensuite dosé et intégré un nombre de gouttes pour former l'essence correspondante à son thème dans un flacon. Puis il a choisi une étiquette qui représentait la lumière.

Dans ma bulle, je voyais la scène comme si j'étais présente avec Minouch et Sigrid. Je me suis mise en résonance avec le chat. J'ai demandé au champ de m'indiquer la posologie qui serait juste pour lui. J'ai ensuite mis l'intention : "Intégration du traitement des Fleurs de Bach pour Minouch 3 fois par jour pendant 5 semaines". On peut dire que la Méthode des 2 Points est du "néo-chamanisme". Les plantes nous guident et nous aident dans le processus de guérison.

Le traitement a commencé immédiatement et tout s'est mis en place quantiquement. Je ne sais pas quels sont les noms des essences qui constituent le soin mais je fais confiance au Champ.

À ce jour, j'ai envoyé des centaines d'animaux, dont des oiseaux, des chiens, des chats, des lapins, des ânes, des chevaux et même une éléphante chez Sigrid. Elle les rassure toujours avec ses paroles réconfortantes, prenant le temps d'expliquer pas à pas le déroulement du soin. Lorsque les animaux ne peuvent pas se rendre chez Sigrid, c'est elle qui se déplace, les rencontrant là où ils se trouvent, au besoin même dans une clinique vétérinaire.

Sigrid est une personne magnifique qui a conservé son cœur d'enfant, démontrant un amour profond pour les animaux, restant simple et appréciant l'instant présent. Je lui suis reconnaissante et je la remercie car elle contribue activement à la guérison physique et spirituelle des animaux qu'elle assiste.

29. Remote Viewing

Le *Remote Viewing* (RV) ou vision à distance est une pratique dans laquelle une personne tente d'obtenir des informations sur une cible éloignée ou non directement accessible, sans être physiquement présente ou en contact direct avec elle. Cette technique a d'abord été développée à des fins militaires et de renseignement mais elle a également trouvé des applications dans le monde civil, notamment dans le domaine de la parapsychologie et de la recherche sur la conscience.

Dans le *Remote Viewing*, le sujet (la personne qui fait l'expérience) se concentre sur l'expansion de ses capacités de perception pour explorer des cibles cachées ou éloignées. Cela se fait généralement dans un état de concentration détendue ou de conscience élargie, le sujet essayant d'utiliser ses facultés mentales pour recueillir des informations sur la cible.

Dans un premier temps, afin d'explorer les capacités de *Remote Viewing* des sujets, ceux-ci ne savent rien de la cible qu'ils doivent découvrir "à l'aveugle" (cf. Stanford Research Institute).

Il existe différentes techniques et méthodes en *Remote Viewing* mais en général, le protocole suit un schéma similaire :

1. *Définition de la cible :* Le Remote Viewer reçoit une description ou un objectif pour la session de *Remote Viewing*. Il peut s'agir d'une description générale de la cible ou de questions spécifiques auxquelles répondre.
2. *Préparation :* Le Remote Viewer se prépare mentalement à se concentrer sur la session de *Remote Viewing*. Cela peut inclure des exercices de respiration, des techniques de relaxation ou des exercices de visualisation.

3. *Exécution* : Le Remote Viewer se concentre sur la cible et tente d'obtenir des informations à son sujet. Cela se fait souvent en utilisant des images mentales, des sensations, des impressions ou d'autres informations sensorielles.
4. *Enregistrement* : Pendant la session de *Remote Viewing*, toutes les informations obtenues sont consignées avec précision (mots, croquis, dessins) sans être évaluées ou interprétées à ce stade.
5. *Évaluation* : Après la session, les informations consignées sont évaluées et comparées à la cible réelle. Cela peut servir à évaluer l'exactitude du processus de *Remote View-ing* et à identifier d'éventuels schémas ou tendances dans les informations obtenues.

Le *Remote Viewing* fait désormais partie intégrante de la Méthode des 2 Points et est de plus en plus utilisé par nos praticiens formés, à mesure qu'ils développent et affinent leurs compétences. Ils doivent pour cela aiguiser leurs perceptions sensorielles internes. Toutefois la manière dont chacun met cela en pratique, et avec quels sens préférentiels, peut varier.

Frauke, pour sa part, l'expérimente comme une "empreinte corporelle" plus intuitive, décelant si quelque chose est lourd ou bloqué, vivant ou mort, affecté par des champs d'information restreints ou ouverts, voire dangereux, ou super joyeux... Cela se manifeste à travers des sensations internes, des douleurs, un malaise, la joie etc. – avec des mouvements et des déformations corporelles qui deviennent l'expression de l'activation d'un certain champ d'information. Ensuite, viennent les images suggestives, les pensées sur les circonstances, parfois le goût ou l'odeur...

Sandrine, quant à elle, expérimente cela d'une manière différente et nous aimerions ici fournir un exemple concret ci-dessous.

Communication et soin avec Vasco du Léman

Le 12 février 2024, j'ai effectué une communication et un soin pour un poney, Vasco du Léman, à la demande de sa gardienne, Stéphanie. En effet Vasco, qui était monté régulièrement, refusait de partir en balade dans un environnement extérieur avec Stéphanie. J'ai fait une communication avec Vasco, suivie d'un soin de la Méthode des 2 Points. Le thème était : "Retrouver la confiance en soi et la sécurité à l'extérieur pour Vasco du Léman". J'introduis toujours les Fleurs de Bach dans mes soins et, tout naturellement, je me suis connectée de cœur à cœur avec Sigrid pour une séance avec Vasco. Sigrid m'est apparue, endormie sur son canapé à 9h30 du matin, emmitouflée dans un plaid. Je l'ai appelée doucement mais je n'ai eu aucune réponse, ce qui m'a surprise car elle est habituellement active à cette heure-là. Bien que cette image m'ait troublée, j'ai continué le soin avec Vasco dans ma bulle, tout en ressentant une inquiétude pour Sigrid.

Un peu plus tard, lorsque je me suis reconnectée à Sigrid, elle était réveillée mais je la sentais très fatiguée. Elle m'a confié qu'elle avait très mal au genou droit, ce qui l'empêchait de se lever, et qu'elle n'avait pas le moral. Malgré cela, elle m'a encouragée à être créative, me disant : "Sandrine, imagine une séance de Fleurs de Bach différente de ce à quoi tu es habituée ! Tu en es capable, puise au fond de toi !"

J'ai alors spontanément visualisé dans le jardin de Sigrid un grand jeu d'échecs à taille humaine, comme on peut en voir dans les parcs publics, avec des flacons de Fleurs de Bach à la place des pièces. J'ai conduit Vasco dans le jardin et lui ai proposé de déambuler dans cet espace en faisant tomber six flacons avec sa tête. Sigrid m'a demandé de la déplacer dehors sur son canapé pour observer cette séance très spéciale, bien qu'elle n'ait pas l'énergie pour intervenir. J'ai ensuite réduit la taille des six flacons, les rendant très petits, puis guidée par Sigrid, j'ai dosé et intégré le nombre de gouttes pour former l'essence correspondant au soin du poney. Elle était à mes côtés, observant attentivement.

Une fois la séance terminée, j'ai ramené Sigrid et son canapé dans le salon où elle s'est rendormie. Vasco est retourné dans ma bulle puis il est reparti en passant le pont de lumière vers son pré.

En utilisant la technique du *Remote Viewing*, j'ai pu établir une connexion profonde avec Sigrid, une personne que je connais bien et que j'apprécie, malgré la distance physique qui nous sépare. En me concentrant sur son énergie et en ouvrant mon esprit à la perception au-delà des limitations de l'espace et du temps, j'ai pu recevoir des informations subtiles et des impressions intuitives sur son état corporel et mental.

⇨ *Dans la réalité, pendant toute la durée de notre conversation, Sigrid est demeurée paisiblement endormie sur son canapé, son genou droit effectivement endolori. Elle était dans le salon et tous nos échanges, par exemple, où elle me demandait de déplacer le canapé dans le jardin, font partie de cette communication dans un état de conscience modifié.*

Le lendemain, j'ai appelé Frauke et elle m'a confirmé qu'à 9h30, sa mère dormait effectivement sur le canapé et qu'elle ne pouvait pas marcher car elle avait très mal à son genou droit.

Remote Viewing et Méthode des 2 Points : transcender les limites de la perception habituelle

Le *Remote Viewing* et la Méthode des 2 Points partagent une caractéristique fondamentale : l'exploration des limites de la perception sensorielle et de la conscience humaine pour accéder à des informations ou des réalités au-delà de ce qui est immédiatement observable. Comme déjà mentionné, le

Remote Viewing demande généralement une concentration détendue et du lâcher-prise pour accéder à des informations sur des lieux, des événements ou des personnes distants dans l'espace et le temps, souvent en utilisant des protocoles structurés et des techniques de visualisation.

De même, la Méthode des 2 Points consiste à placer son attention simultanément sur deux points (ouverture du champ des possibles), ainsi que sur le champ du cœur, qui donne accès à la Source et donc à la sagesse infinie. Cela permet d'explorer des réalités subtiles, de se synchroniser avec le champ structurel des lignes de force et d'apporter des transformations au sein du système physique et/ou énergétique.

Ces pratiques reposent toutes deux sur la conviction que la conscience humaine peut transcender les limites habituelles de la perception pour accéder à des niveaux de connaissance plus profonds et/ou à des possibilités de guérison. Bien qu'ils puissent différer dans leurs applications spécifiques et leurs objectifs, le *Remote Viewing* et la Méthode des 2 Points partagent une approche exploratoire de la conscience et de la réalité qui cherche à élargir notre compréhension du monde qui nous entoure.

30. La Méthode des 2 Points et la Communication Animale : Nickie et Amandine

Amandine et Kevin, Hauts-Savoyards, possèdent un chien nommé Nycko. Récemment ils ont décidé d'adopter Nyckie, une chienne de race Staffie de 5 ans. Nyckie était reproductrice dans un élevage, enfermée dans un box. Souhaitant lui offrir une nouvelle chance et de l'amour, ils l'ont accueillie chez eux. Cependant, depuis son arrivée, Nyckie éprouve des difficultés à s'adapter à son nouvel environnement.

Lors des promenades, Nyckie adopte un comportement agressif envers les autres chiens et en l'absence d'Amandine et de Kevin, quand elle reste dans le salon avec Nycko, elle détruit les objets à sa portée et fait pipi.

En écoutant le récit d'Amandine, j'ai tout de suite pensé que Nyckie avait en elle la peur de l'abandon. Je lui ai proposé une Communication Animale, un soin pour Nyckie et un soin pour elle car cette peur est aussi très forte chez Amandine et en résonance avec les peurs de Nyckie.

Communication Animale et soins du 23 janvier 2023.

Je me connecte très facilement avec Nyckie qui me dit qu'elle me perçoit comme une petite voix intérieure dans sa tête. Je lui explique que c'est de la télépathie, le mode de communication qu'utilisent les animaux. Elle est d'accord pour communiquer avec moi. Je l'attends de l'autre côté du pont de lumière.

Elle me dit : "Puis-je me fier à toi, car j'ai souffert d'avoir été trop confiante avec les humains ? Tu ne me feras pas de mal ?" Je la rassure puis elle passe le pont de lumière. Elle m'accompagne dans ce bel espace dans ma bulle. Elle reste près de moi et trouve une balle dans l'herbe. Je la lui lance et elle est toute fière quand elle me la ramène. Petit à petit, elle prend confiance et commence à courir après les oiseaux tout autour de mon rocher. Elle revient vers moi, s'assied sur le petit rocher qui lui est destiné. Je la laisse s'exprimer :

"Je découvre un peu plus chaque jour ma nouvelle vie et l'Amour. C'est la première fois que je ne suis pas utilisée. Ici, on ne me demande rien, juste d'exister. Je n'ai pas l'habitude, j'ai été maltraitée, je n'ai pas été aimée, je n'étais qu'un objet qu'on utilise et que l'on jette quand il ne peut plus servir."

Je suis peinée d'apprendre ce qu'elle a vécu car elle emploie des mots durs.

Elle me dit : "Pendant des années, j'ai beaucoup souffert du manque d'amour, aujourd'hui Amandine et Kevin m'offrent une chance extraordinaire. Je les remercie, je les aime très fort. Être aimée, c'est recevoir des caresses et des bisous, être aimée c'est recevoir de l'attention pour ce que je suis et pas pour ce que je pourrais financièrement rapporter. Je suis bien chez Amandine et Kevin, c'est ma famille. J'ai une famille, qu'est-ce que cela fait du bien de le dire car je n'ai jamais eu de famille. J'aime aussi Nycko. J'ai des codes à apprendre, je ne sais pas ce qui est bon ou pas. Je me pose souvent des questions si j'adopte la bonne attitude. J'ai peur aussi qu'Amandine et Kevin me rejettent."

"Quand je me retrouve seule, j'ai peur, je m'ennuie. Le temps me semble long alors je m'occupe en détruisant des choses. Sur le moment j'ai l'impression que cela me calme mais c'est faux. Pour calmer mes angoisses je pleure, je fais les cent pas, je crains qu'Amandine et Kevin ne reviennent pas. Je n'arrive pas à me retenir alors je fais pipi dans la maison, je ne le fais pas exprès."

Je lui demande pourquoi elle a un comportement agressif envers les autres chiens. Elle me répond : "Pendant toutes ces années où j'ai vécu chez mes maîtres (ce ne sont pas des gardiens), je n'ai pas eu d'interaction avec les autres chiens. J'étais souvent enfermée. Je ne sais pas comment agir avec eux alors je suis sur la défensive. Nycko m'apprend beaucoup, je le remercie, je l'observe et j'aimerais être comme lui, posée, calme et bien dans ma tête. C'est un guide dans ma reconstruction. Je ressens aussi les peurs d'Amandine, elle n'est pas très sereine et je suis déjà tellement reliée à elle que mon comportement s'en trouve modifié. C'est inconscient pour elle mais nous avons la même blessure qui est activée : la peur de l'abandon, la peur de la séparation."

J'explique à Nyckie que j'aimerais lui faire un soin afin que ses peurs disparaissent et qu'elle puisse s'épanouir dans son nouveau foyer. Elle me donne son accord.

Le thème est : "Ça serait génial que la peur de la séparation et ton stress disparaissent".

Je commence par le Module de Base puis la Ligne du Temps. Je continue par un scan de purification : J'entends les mots : "stress, tremblement, frissons, je me sens mal".

Je termine avec le nettoyage et l'harmonisation des chakras. Nyckie avait quatre chakras bloqués, dont le chakra brachial qui est la relation entre l'humain et l'animal.

A la fin du soin, Nyckie me dit qu'elle est très fatiguée et qu'elle sent que cela travaille en elle. Elle s'est rapprochée : elle est contre moi, sur mon rocher et je peux la caresser, lui faire un bisou entre les deux oreilles. Je lui demande si elle a un dernier message. Elle me dit : "Remercie Kevin et Amandine, je les aime : c'est ma famille".

Le soin d'Amandine a lieu le soir même. Je garde le même thème : "Ça serait génial qu'Amandine n'ait plus peur de la séparation et ne soit plus stressée".

Comme pour Nyckie le soin commence par le Module de Base suivi de la Ligne du Temps, puis le scan de purification : J'entends les mots : "stress, angoisses, peur de l'abandon".

Je continue avec le module "effacer les programmes inutiles" et "intégration des programmes utiles" puis je mets les intentions suivantes :

- "Intégration de la confiance, du lâcher-prise sur ce thème"
- "Intégration du calme intérieur et de la sérénité quand Amandine part au travail".

Une heure après les soins Amandine et Kevin ont observé un changement de comportement chez Nyckie : elle était apaisée.

Deux jours après, je reçois un appel d'Amandine : Nyckie n'a rien détruit dans la maison et ne fait plus pipi pendant qu'Amandine et Kevin sont au travail. La chienne change d'attitude, s'ouvre, prend confiance en elle. Kevin, qui était très sceptique sur les soins de la Méthode des 2 Points, a été bluffé quant aux résultats.

Les promenades sont plus sereines pour tout le monde car Nyckie n'agresse plus les autres chiens. En juin 2023 Nyckie a donné naissance à de magnifiques chiots dont le papa est Nycko. L'harmonie règne depuis dans cette belle famille.

31. Des Vacances Réussies

Partir en vacances avec son animal peut s'avérer être un véritable casse-tête. Devons-nous l'emmener avec nous ou le laisser ? Plusieurs options s'offrent à nous. Nous pouvons le confier à un voisin qui prendra soin de lui ou le placer dans une pension que nous aurons choisie pour son bien-être. Si nous optons pour l'emmener avec nous, cela signifie souvent des trajets en voiture, ce qui peut être stressant pour notre compagnon s'il n'est pas habitué ou peu familier avec les déplacements. Et une fois arrivés dans un nouvel environnement, l'adaptation peut être délicate. Je souhaite partager ici deux expériences différentes concernant les vacances où la Communication Animale et les soins de la Méthode des 2 Points ont joué un rôle primordial pour des vacances réussies.

Speedy et le voyage en voiture

Eliane me contacte au sujet de son chat Speedy. Son mari Claude et elle, Hauts-Savoyards, partent rendre visite à leurs enfants et petits-enfants à Paris pour l'Ascension. Speedy ira lui aussi en vacances dans une pension féline, la "Pension d'Elise", une seconde maison pour lui, à seulement 30 minutes de chez eux. Cependant le problème réside dans le trajet en voiture car, pour leur chat, c'est une véritable épreuve. Il est stressé, son cœur bat très vite et il vomit. Eliane ne se sent pas bien et culpabilise de le voir dans cet état-là. Je lui explique que les animaux sont sensibles à nos émotions, ce qui peut influencer leur état émotionnel. Je lui suggère une petite Communication Animale pour mieux comprendre le comportement de Speedy dans la voiture. Ensuite je lui propose de réaliser un soin à la fois sur son chat et sur elle-même en tant que gardienne, afin d'apaiser leurs angoisses respectives.

Communication Animale et soin pour Speedy du 22 avril 2023

Je me connecte très facilement à Speedy, il me rejoint de l'autre côté du pont du lumière. Il me suit dans ma bulle de bien-être et s'assied face à moi. Je le laisse s'exprimer : "J'aime cette saison, c'est comme une renaissance. Je m'émerveille de tout : il y a des nouvelles odeurs, des nouvelles énergies, il fait moins froid aussi". Je lui parle ensuite de son voyage jusqu'à la pension et je lui demande s'il a compris qu'il irait bientôt rejoindre la pension d'Elise. Il me confie : "Je sais, je le ressens car Éliane et Claude en parlent souvent et font des préparatifs. Je suis content d'aller chez Elise, c'est notre nounou à tous les chats qu'elle garde. Nous sommes câlinés et elle ne fait pas de différence entre ses chats et nous. J'y suis bien et je suis en quelque sorte en vacances aussi. En revanche, je déteste les voyages en voiture ! Cela me met dans des états que je ne contrôle pas. Ce sont des peurs que je n'explique pas. Rien que d'en parler me donne des frissons. Lors des voyages, mon cœur bat très vite, comme s'il s'emballait. Je ne peux rien faire. Il faut ensuite du temps pour que mon état revienne à la normale".

Je lui propose un soin qu'il accepte. Le thème est : "Ça serait génial d'être serein en voiture et de ne plus avoir peur".

Je commence par le Module de Base puis la Ligne du Temps. Lorsque j'utilise le scan de purification, j'entends les mots : "peurs, stress, panique, palpitations du cœur". J'harmonise ensuite les chakras (le chakra racine et le chakra du cœur sont bloqués).

Puis je mets les intentions suivantes :

- Intégration du calme intérieur
- Intégration d'une séance de microkiné avec mon amie Caroline
- Intégration de la confiance en soi, de la confiance en l'univers et du lâcher-prise

- Intégration des Fleurs de Bach 3 fois par jour pendant 3 semaines.

Je termine en envoyant à Speedy des images positives de son voyage en voiture, lui montrant ainsi qu'un trajet peut être agréable, empreint de douceur et d'apaisement.

Après le soin Speedy me fait part de ses impressions : il ressent que quelque chose se passe en lui et que la situation lui inspire déjà moins de peur. Il me demande de transmettre le message à ses gardiens pour leur souhaiter de bonnes vacances. Ensuite il s'éloigne, traversant le pont de lumière pour aller se reposer.

Le soir même, je réalise un soin pour Eliane. Je débute par le Module de Base suivi de la Ligne du Temps. Ensuite je demande à Eliane d'imaginer une bulle, semblable à une grande bulle de savon, où elle serait en voiture avec Claude et Speedy se rendant à la pension d'Elise, leur chat étant très calme et détendu. Eliane devient co-créatrice, déplaçant la bulle pour la placer devant elle, puis elle la réduit pour que je l'intègre dans son cœur.

Au retour de leurs vacances, Eliane m'envoie un message. Elle me partage que le trajet aller-retour pour amener Speedy à la pension s'est déroulé à merveille. Speedy a ronronné paisiblement et est resté très calme. Eliane l'a gardé sur ses genoux pendant tout le trajet et il était apaisé. Depuis cette expérience, les voyages en voiture, autrefois source d'angoisse, ne sont plus que de lointains souvenirs.

Myla et la maison hantée

En mars 2023, Marine et son compagnon Quentin, habitant un petit village près de Saint Julien en Genevois en Haute-Savoie, me contactent au sujet de leur chienne Myla de race Rottweiler. Ils s'inquiètent d'un incident survenu lors de leurs dernières vacances en mai 2022 dans une maison qu'ils avaient louée près du Mans où ils étaient venus assister à des courses de moto, leur passion commune. Myla a alors eu un comportement inhabituel : elle n'est rentrée dans la maison qu'une seule fois en arrivant, bavant et tremblant. Par la suite elle a catégoriquement refusé d'y retourner, préférant passer ses nuits dans la véranda et le jardin. Marine et Quentin, inquiets, souhaitent comprendre les raisons du comportement de leur chienne, d'autant plus qu'ils comptent retourner dans cette même maison en mai 2023.

Extrait de la Communication Animale avec Myla du 15 mars 2023

Myla franchit le pont de lumière avec une joie éclatante. Dans ma bulle elle me sollicite pour jouer à la balle. En évoquant ses gardiens elle exprime combien ils sont son repère, sa famille. Elle les aime d'un amour inconditionnel, les suivant partout où ils vont.

Après avoir exploré divers aspects de la santé de Myla, je l'invite à se souvenir de son séjour dans la maison de vacances au Mans et à m'expliquer pourquoi elle ne voulait pas y rentrer. Elle me répond avec assurance : "Ce lieu n'est pas habité par de bonnes énergies. J'ai ressenti des peurs profondes, je ne pouvais pas rester, il fallait que je sorte. J'ai perçu la présence très forte d'un chien décédé qui, autrefois, occupait cet endroit. Son âme est toujours dans la maison, elle est comme emprisonnée."

J'explique à Myla que, bientôt, elle retournera avec Marine et Quentin dans cette maison pour les vacances au Mans. Elle me dit : "Je sais mais ça ne m'enchante pas. Bon, les questions sont terminées ? Je peux aller jouer ?" Je la laisse s'exprimer, profiter de cette bulle hors de l'espace-temps. Elle me confie avant de repartir : "Remercie Marine et Quentin, je les aime. Chaque instant est un cadeau, comme une renaissance", puis elle s'en va joyeusement, traversant le pont de lumière.

Marine et Quentin écoutent attentivement les messages de la Communication Animale et ressentent un soulagement en apprenant ce que Myla a exprimé. Marine me demande alors si je peux les aider avant qu'ils retournent dans cette même maison. Je leur propose une autre séance à distance pour effectuer un nettoyage énergétique[38] de la maison ainsi qu'un soin pour Myla.

Le 4 mai, une semaine avant leur départ pour la maison du Mans, je me connecte donc à Myla pour trouver la Variante Optimale, celle qui lui permettra de profiter pleinement de ses vacances sans être contrainte de rester dans le jardin ou dans la véranda mais surtout celle qui lui procurera un sentiment de sécurité dans cette maison. Je me connecte aisément à Myla qui semble ravie de revenir dans ma bulle. Elle exprime sa gratitude pour la chance qu'elle a de pouvoir s'exprimer de cette manière grâce à la Communication Animale. Je lui rappelle alors qu'elle va bientôt repartir pour la maison du Mans. Myla me partage : "Je suis heureuse de partir mais ce n'est pas ma faute si je ne peux pas rester à l'intérieur. C'est comme s'il y avait un danger, des énergies qui m'empêchent d'entrer."

Nettoyage énergétique de la maison et soin pour Myla du 4 mai

Je me mets en résonance corporelle, en utilisant mon corps comme un pendule, pour répondre à la question suivante : "Dois-je contrôler toutes les pièces de la maison ?" Je me tiens debout et mon corps penche en avant, ce qui, dans ma codification, signifie "oui". J'utilise ensuite les Constellations de table[39] pour localiser les pièces où se trouvent l'âme du chien décédé ainsi que les zones à nettoyer. Marine avait

---

[38] Ce module du **nettoyage énergétique** pour une maison ou un lieu s'apprend dans le stage M2P niv. 2 en présentiel.
[39] Ce module de Constellation de table avec la Méthode des 2 Points fait partie de notre formation en ligne "Transformer ton ancien Futur".

photographié chaque pièce lors de leur premier séjour, ce qui me permet de les visualiser. Il y a des résistances dans la cuisine et au salon.

Je procède à un nettoyage minutieux de chaque pièce. Dans la cuisine je remarque un trou noir. Il est aspiré par un grand tuyau et disparaît. Il y a de nombreuses zones sombres mais, dès que j'appelle Mr Propre, ce héros du nettoyage, nom d'une marque de produit ménager de mon enfance, elles s'éclaircissent miraculeusement. Une pièce plus lumineuse se révèle alors et je découvre l'âme emprisonnée du chien, confirmant les dires de Myla. Je guide cette âme vers la lumière et l'Amour, libérant en même temps toutes ses mémoires.

Dans le salon l'atmosphère est différente, moins oppressante. Je nettoie chaque recoin avec soin et, une fois de plus, l'intervention de Mr Propre s'avère efficace. Je remplis la pièce de lumière puis je termine par une résonance corporelle pour vérifier si le nettoyage est terminé. La réponse est "oui". Myla souhaite intervenir. Elle partage : "C'est comme si les énergies étaient en train de changer, ce n'est plus la même maison. J'ai le sentiment que je peux y entrer alors qu'avant c'était impossible."

Je termine par un soin pour Myla avec pour thème : "Ça serait génial de trouver la sérénité dans la maison".

Je fais le Module de Base puis la Ligne du Temps.

Je demande à Myla comment elle se sent et elle me répond : "Fatiguée mais sereine. Dis à mes gardiens que je ne suis plus réticente à aller dans la maison. Pour moi aussi ce sont des vacances !" Puis Myla s'en va de l'autre côté du pont.

Le 10 mai, Marine, Quentin et Myla repartent en direction du Mans. Une fois installée dans la maison, Marine m'envoie un message : "Myla a visité la maison et exploré toutes les pièces. Elle est sereine et calme et a même choisi de dormir dans le salon". Les vacances peuvent enfin commencer en toute sérénité.

32. La Conscience Quantique implique un nouveau Regard sur la Création de notre Réalité

Ah, que de fois construisons-nous notre avenir uniquement à partir des impressions et des expériences du passé et nous limitons-nous ainsi ! Des centaines, voire des milliers de variantes fonctionnelles existent mais restent invisibles. Cependant nous pouvons maintenant remédier à cela par un outil fonctionnel avec la Méthode des 2 Points. En nous permettant de mettre de côté, ne serait-ce qu'un instant, nos opinions préconçues et notre prétendu "savoir", nous autorisons le champ et la vue panoramique du cœur à devenir actifs. Des solutions surprenantes deviennent soudainement visibles dans le champ. C'est formidable !

La physique quantique nous enseigne que notre conscience et nos pensées influent sur la réalité. Nous façonnons le monde qui nous entoure de manière profonde par nos croyances et nos convictions. Pourtant ces croyances sont souvent bien limitées et nous retiennent dans des schémas de pensée restreints.

La Méthode des 2 Points repose sur la compréhension que tout est relié dans un champ d'énergie et d'information. Il est aussi question de l'étincelle divine qui déjà existe en dehors de l'espace et du temps – au-delà de tous les concepts préétablis – en tant que réalité omniprésente en nous. Nous parlons d'une structure de ligne de force dans ce contexte. Il s'agit de quelque chose qu'on ne peut ni saisir ni mesurer et qui pourtant est plus réel que tout le reste. C'est la force de la lumière et de l'amour qui ramène tout à l'origine. Par une application de la Méthode des 2 Points – à travers le Point Zéro – nous pouvons laisser les informations se réorganiser dans le champ et ainsi laisser place à une réalité plus harmonieuse.

Que disent des penseurs renommés comme Carl Gustav Jung et Krishnamurti de notre prétendue réalité ?

J'aimerais introduire ici les observations de Carl Gustav Jung qui faisait également l'objet de mon mémoire de fin d'études de sociologie à l'époque. Jung était un pionnier dans l'exploration de l'inconscient et de l'inconscient collectif, soulignant leur importance fondamentale dans la formation de notre réalité. Il avançait l'idée audacieuse que notre psyché est un réservoir profondément enraciné d'archétypes et de symboles dont l'influence sur notre comportement et notre perception est immense et omniprésente. Selon C.G. Jung, un archétype est un modèle ou un motif universel présent dans l'inconscient collectif de l'humanité. Il représente des sentiments, des comportements ou des idées fondamentaux qui sont partagés par les cultures du monde entier. Un exemple d'archétype est celui de la Mère, qui symbolise la maternité, la protection et la fertilité dans de nombreuses cultures à travers l'histoire.

Dans sa pratique clinique et dans ses écrits, Jung a exploré en profondeur la manière dont ces archétypes influencent nos pensées, nos émotions et nos comportements, souvent de manière subtile et inconsciente. Il a observé comment des croyances limitées et des schémas de pensée rigides peuvent s'enraciner dans ces archétypes, nous maintenant captifs dans des répétitions de comportements et de perceptions qui nous empêchent de nous épanouir pleinement.

Pour Jung, la découverte et l'intégration de ces archétypes étaient essentielles pour la croissance individuelle et la réalisation de soi. Il a développé des concepts tels que l'individuation, qui implique un processus de prise de conscience et d'intégration de tous les aspects de soi-même, y compris les parties les plus obscures et les plus inconscientes de notre psyché. En embrassant ces aspects souvent négligés de notre être, Jung croyait que nous pouvions libérer notre potentiel le plus profond et trouver un sentiment de plénitude et de connexion avec le monde qui nous entoure.

Les idées de Jung continuent d'inspirer et de stimuler la pensée moderne dans de nombreux domaines, de la psychologie à la spiritualité en passant par les arts et la culture. Son travail a ouvert de nouvelles voies pour explorer la complexité de l'esprit humain et les mystères de l'inconscient, nous invitant à nous aventurer courageusement dans les profondeurs de notre propre psyché pour découvrir la vérité qui réside en chacun de nous.

De son côté, Jiddhu Krishnamurti soulignait la nécessité de la prise de conscience et du lâcher-prise de toutes les formes de croyances et de concepts car nos idées et croyances nous limitent et nous empêchent de percevoir la réalité de manière impartiale. En nous libérant des idées préconçues, nous pouvons nous défaire des chaînes de nos croyances limitantes et atteindre un niveau plus profond de compréhension et de liberté.

Dans *Les Impossibles Possibles*, nous partageons comment l'application de la Méthode des 2 Points nous permet de nous libérer des croyances limitantes et des comportements conditionnés. En nous connectant consciemment au champ universel et en activant la puissance du cœur, nous transcendons les limites de notre pensée pour créer une nouvelle réalité manifestant une conscience élargie.

33. Dépasser nos Croyances limitantes avec la M2P

Le petit âne Lélou et la maladie de la fourbure

En octobre 2023, j'ai été sollicitée par Agnès qui vit en Bretagne. Agnès est la gardienne de Lélou, un petit âne de 10 ans, pour lequel j'étais déjà intervenue l'année précédente pour des problèmes d'arthrose. Cette fois-ci il souffre de fourbure, une maladie complexe et douloureuse caractérisée par une inflammation du pied. Cette maladie, bien connue dans le monde équin, s'avère être la deuxième cause de mortalité chez les chevaux, les poneys et les ânes. Lélou boite de l'antérieur droit, souffre beaucoup et ne peut se tenir debout que sur trois jambes. Agnès, très inquiète, a consulté divers spécialistes, dont un vétérinaire, un ostéopathe équin et un maréchal-ferrant, mais aucun traitement n'a vraiment apporté d'amélioration. Je suggère à Agnès une petite communication et un soin pour Lélou.

Communication Animale et soin du 12 octobre 2023

Je me connecte à Lélou et constate qu'il est en grande souffrance, refusant de traverser le pont de lumière. La communication se fera donc dans son pré. Interrogé sur la nature de sa douleur, il m'explique que ce sont des douleurs aiguës survenant dès qu'il pose le pied par terre en raison de l'appui sur son sabot. Soucieux de rassurer Agnès, Lélou exprime le désir de lui transmettre son message d'affection : il souligne l'importance de l'amour qu'Agnès lui porte, qui réchauffe son cœur et lui apporte du réconfort. Lorsque je lui demande ce qui pourrait le soulager, sa réponse est touchante : "Il me faudrait un miracle et quand je pense aux miracles, je pense à toi". Je le remercie et m'apprête à commencer un soin de la Méthode des 2 Points.

Alors que je débute mon ancrage avec le thème "Ça serait génial que Lélou n'ait plus de fourbure", je réalise rapidement que ce thème ne résonne pas, qu'il ne me convient pas, je le ressens dans mon corps. Je décide donc de mettre fin à l'ancrage. Malgré cela, je suis consciente que la fourbure est bel et bien le problème de Lélou.

Je lui explique alors que je vais réfléchir à une meilleure formulation du thème et que je reviendrai vers lui pour effectuer le soin ultérieurement. Une idée me vient alors : Pourquoi ne pas demander l'aide du Champ ? Je formule donc le thème : "Trouver les informations et les ressources justes pour Lélou sur Internet". Je fais le Module de Base puis je lâche prise. Je pars un moment en balade en compagnie de ma chienne. De retour à la maison, je rallume l'ordinateur et je fais une recherche sur la fourbure chez le cheval. À ma grande surprise une vidéo intitulée "Fourbure, les solutions naturelles et les erreurs à éviter !" par Jean-Luc Klein, diplômé en MTC[40], apparaît. Cette vidéo pourrait-elle contenir les réponses tant espérées pour libérer Lélou de sa souffrance ? Je suis prête à plonger dans cet univers d'espoir et de possibilités infinies. Je regarde donc la vidéo[41].

Jean-Luc Klein, expert en médecine chinoise, m'ouvre alors les yeux sur la nature de la fourbure. Selon ses enseignements, la santé d'un animal repose sur un équilibre subtil entre les énergies Yin et Yang ainsi que sur la vitalité de son foie. Il explique que lorsque l'énergie Yin est déficiente, comme c'est souvent le cas dans la fourbure, la maladie peut s'installer. Cette nouvelle perspective remet en question mes croyances antérieures. J'avais toujours pensé que la transition de l'alimentation sèche au pâturage riche en herbe au printemps était à l'origine de la fourbure. Mais, selon Jean-Luc Klein, ce n'est pas tant l'herbe qui est en cause mais plutôt un déséquilibre énergétique sous-jacent. Pour restaurer cet

---

40 MTC = *Médecine Traditionnelle Chinoise*
41 *Vidéo de Jean-Luc Klein :*
   https://www.youtube.com/watch?v=9LRMQK6IgV8

équilibre, il propose un mélange de plantes soigneusement sélectionnées, conçu spécialement pour renforcer l'énergie Yin et soutenir la santé du foie. Avec cette approche les équidés peuvent retrouver leur vitalité et profiter de l'herbe sans restriction ni crainte.

Tout devient plus clair à présent et j'ai enfin le thème ! Je me connecte à Lélou et l'invite à rejoindre ma bulle. Il se tient devant moi, calme et patient, attendant que je commence le soin. Le thème est : "L'équilibrage du Yin et du Yang – Nettoyage du Foie"

Je commence par le Module de Base de la Méthode des 2 Points puis la Ligne du Temps.

Ensuite je mets les intentions suivantes :

- Équilibrage du Yin et du Yang
- Harmonisation des chakras
- Traitement de Fleurs de Bach trois fois par jour pendant trois mois
- Que Lélou soit guidé par sa lumière intérieure
- Intégration d'un complément alimentaire pour chevaux qui contribue au bon équilibre du système ostéo-articulaire pendant trois mois.

Quinze jours plus tard Agnès m'annonce avec joie que Lélou se porte beaucoup mieux et ne boite plus. Il galope même joyeusement, jouant avec sa gardienne dans le pré. Elle me confie que cela faisait longtemps qu'elle ne l'avait pas vu aussi heureux et plein de vie. J'ai des nouvelles régulièrement depuis et Lélou peut profiter de l'herbe du printemps.

C'est avec gratitude et bonheur que je réalise, une fois de plus, que chaque intervention avec la Méthode des 2 Points est véritablement extraordinaire, nous guidant toujours vers la meilleure variante : "La Variante Optimale".

34. L'Âme Collective des Animaux d'après Rudolf Steiner

La compréhension qu'avait Rudolf Steiner[42] de l'âme collective des animaux nous plonge dans une contemplation fascinante de la nature spirituelle des différentes espèces. Il décrit cette âme collective comme une force spirituelle partagée qui imprègne et guide l'ensemble d'une espèce. Ces âmes collectives sont des formes de conscience qui influencent les caractéristiques, les comportements et les instincts propres à chaque espèce animale. Contrairement à l'âme humaine individuelle, dotée d'une personnalité distincte et d'un cheminement spirituel unique, les âmes des animaux sont reliées dans leur collectivité.

Steiner explique que les âmes collectives des animaux dirigent l'évolution et les comportements spécifiques des différentes espèces. Elles confèrent à chaque animal des capacités, des instincts et des comportements cruciaux pour sa survie et son rôle dans l'écosystème. Elles influent sur la façon dont les animaux interagissent entre eux, cherchent leur nourriture, se protègent et se reproduisent.

Parallèlement Steiner met en lumière l'âme humaine comme une conscience individuelle qui va au-delà des instincts collectifs des âmes animales. L'âme humaine possède des capacités de réflexion, de prise de décision morale et de développement spirituel. En cultivant leur individualité, les humains peuvent établir une relation consciente avec le divin et approfondir leur compréhension des réalités spirituelles qui dépassent le monde matériel.

---

42 **Rudolf Steiner** *(1861–1925). Philosophe et scientifique autrichien, il étudia l'œuvre de Goethe et développa l'anthroposophie en tant que science de l'esprit et chemin de développement individuel, chrétien et spirituel. Il a appliqué cette approche spirituelle à l'éducation, l'agriculture et la médecine, donnant naissance aux écoles Steiner-Waldorf et à l'agriculture biodynamique. Pour en savoir plus sur l'âme animale, nous vous recommandons son ouvrage "Âme, esprit, origine de l'animal".*

En plus de l'âme collective, Steiner évoque un "esprit des animaux" représentant le monde imaginal de chaque espèce animale. Cet esprit est la source des caractéristiques, des comportements et des fonctions propres à chaque espèce et est en harmonie avec les lois spirituelles de l'univers. En tant que créateur de cette idée des animaux, cet esprit guide leur évolution et soutient leur rôle dans l'équilibre écologique de la nature.

Dans son ensemble, le concept de Steiner des âmes animales et de leurs dimensions spirituelles offre une perspective profonde sur la relation entre l'homme, l'animal et l'univers. Il nous invite à une compréhension plus profonde de la diversité et de la beauté du règne animal ainsi qu'à une prise de conscience accrue de notre responsabilité envers toute la création.

La question récurrente est : l'animal n'a-t-il pas d'âme comme l'homme ? – Il en a une mais son âme réside au niveau astral. Chaque animal individuel est relié à l'âme collective de la même manière que les différentes parties du corps sont liées à l'âme chez l'homme. Si un doigt est blessé, l'âme ressent la douleur. Toutes les sensations au niveau de chaque organe convergent vers l'âme. C'est également le cas pour un groupe d'animaux. Tout ce que ressent en lui un animal individuel est perçu par la conscience de l'âme collective.

Pour conclure ce chapitre, soulignons que la compréhension spirituelle des animaux selon Rudolf Steiner nous invite à repenser notre relation avec eux et à reconnaître la profondeur de leur existence collective. Par exemple, lorsqu'un lion chasse sa proie, ce n'est pas seulement l'instinct individuel qui guide ses actions mais l'âme collective de l'espèce qui orchestre ces comportements complexes et coordonnés. De même le vol synchronisé des oiseaux migrateurs n'est pas le résultat d'une décision individuelle mais de l'influence de leur âme collective. En reconnaissant l'âme collective des animaux, nous pouvons apprécier leur place unique dans l'univers et notre responsabilité envers eux. Cette perspective enrichit non seulement notre compréhension de la vie animale mais nous incite également à une coexistence respectueuse et harmonieuse avec toutes les formes de vie.

35. La Conscience Holistique et la M2P se font entendre lors de l'Invasion de petits Insectes

Situation initiale

Dans le Maine-et-Loire, Marie-José est une pionnière dans la création et la réalisation d'une entreprise dédiée à la valorisation des excédents de graines dont les graines de chanvre ou chènevis. En choisissant le chanvre, elle ne se contente pas de suivre les normes actuelles mais elle anticipe et façonne les pratiques agricoles, alimentaires de demain, pour le bien-être et la santé. Son engagement se traduit par un respect profond de la nature, une recherche constante de solutions respectueuses de l'environnement et une volonté de contribuer à la santé du sol et de l'écosystème. Depuis 2010, elle se consacre à améliorer un processus de concentration de la protéine de chanvre, générant ainsi une poudre hyperprotéinée hydrosoluble comparable à une farine aux propriétés remarquables.

En effet les graines de chanvre se révèlent être une source de protéines exceptionnelle. Composées de tous les acides aminés essentiels, ces protéines sont considérées comme complètes, ce qui les rend idéales pour renforcer la masse musculaire, soutenir la récupération après l'exercice et maintenir une santé globale. Les protéines de chanvre sont également naturellement exemptes de gluten, les rendant accessibles aux personnes avec des sensibilités alimentaires.

Après la transformation des graines de chanvre en poudres hyperprotéinées de chanvre au printemps 2022, lors d'une inspection méticuleuse de ses réserves, conditionnées en sacs de 20 kg ou en big bags, entreposées dans un bâtiment, Marie-José a constaté la présence non désirée de punaises de son (*tribolium castaneum*), des milliers de petits coléoptères ailés, dans les quatre sacs d'une tonne contenant la précieuse protéine de chanvre.

Ces insectes sont souvent désignés sous le nom de "punaise de son" en raison de leur penchant dévastateur pour les produits céréaliers moulus tels que la farine et les céréales. Bien qu'ils ne se nourrissent pas de grains entiers, ils ont une appétence pour les grains cassés et les poussières de grains. Ils dégagent une odeur forte qui favorise la moisissure des grains, entraînant d'importantes pertes commerciales.

Il n'était plus possible de vendre la production de ces big bags initialement prévue pour la nutrition animale. Confrontée à ce problème, deux alternatives sont présentées : l'usage d'un insecticide biologique autorisé, en accord avec les normes en vigueur, ou l'exploration d'une approche novatrice, la Communication Animale dont son amie Martine lui avait parlé quelques semaines avant.

Marie-José a entrepris une démarche plus en phase avec ses convictions éthiques. La Communication Animale suscitait un intérêt particulier mais aussi des questionnements chez une personne au parcours scientifique et à la pensée rationnelle. Cette approche alternative s'ouvrait comme une voie intrigante au-delà des limites de la méthode conventionnelle.

À la recherche d'une solution harmonieuse, Marie-José m'a donc contactée pour résoudre le problème auquel elle était confrontée. Je lui ai expliqué que la communication avec ces insectes se ferait d'une manière différente de celle avec des animaux plus familiers tels que les chats ou les chiens où je m'adresse à un seul animal. Dans ce cas, je m'adresserais à l'âme de groupe, une conscience collective représentant tous les insectes concernés. Lorsqu'il s'agit d'animaux libres dans la nature, en particulier les insectes, il est essentiel de respecter leur vie sociale et leur place dans l'écosystème. Cependant, si ces insectes pénètrent dans notre espace et que cela pose un problème, il est tout à fait possible de s'adresser à eux de cœur à cœur.

Nous (Frauke et moi) avons expliqué à Marie-José la notion de contrat avec les insectes. À savoir qu'il est nécessaire de proposer un accord dans lequel chaque partie trouve son compte, dans l'intérêt mutuel de tous. La notion d'accord avec les animaux libres dans la nature trouve écho dans le livre de Michael Roads[43] intitulé *"Dialogue avec la nature, au cœur de la nature"*. On souligne ainsi la profonde connexion et la collaboration possible entre les êtres humains et le règne animal, élargissant ainsi les perspectives vers un potentiel infini.

Application M2P avec Marie-José du 6 juin 2022

J'ai effectué un premier soin avant la première communication car Marie-José avait des doutes, des peurs, des interrogations quant à la direction qu'elle avait prise en créant son entreprise pour valoriser le chanvre. Pourquoi avait-elle cette invasion d'insectes dans sa production de protéines ?

Le thème était : "Être guidée sur ton chemin de vie".

J'ai commencé par le Module de Base puis la Ligne du Temps. Rapidement j'ai entraîné Marie-José dans la Visualisation Quantique. C'était une co-création, car elle pouvait visualiser ce que je voyais.

Plusieurs chemins s'offraient à Marie-José. Il lui était difficile de choisir le bon chemin.

J'ai donc mis l'intention : "Effacer les chemins inutiles".

Un chemin lumineux s'est dévoilé mais il était un peu étroit.

---

43 **Michael J. Roads** *(1937–2024)* né en Angleterre ; écrivain australien et enseignant spirituel reconnu. Il a écrit de nombreux ouvrages décrivant ses voyages métaphysiques et ses expériences spirituelles. Son héritage perdure à travers ses écrits inspirants et ses enseignements profonds.

J'ai mis l'intention : "Ça serait génial si ce chemin pouvait prendre tout l'espace dans ton cœur". Le chemin s'est ouvert.

Puis une troisième intention : "Te laisser guider par ton étincelle divine".

Le chemin était parsemé de scintillements de lumière qui étaient là pour la guider comme les petits cailloux blancs dans le conte du Petit Poucet.

Communication Animale avec l'âme de groupe des punaises de son du 7 juin 2022

Je me suis connectée à l'âme de groupe des coléoptères *tribolium castaneum* et j'ai posé la question : "Pourquoi la récolte de chanvre de Marie-José a-t-elle été attaquée ?"

Cette âme de groupe, que je voyais comme un très grand insecte, m'a répondu : "Le chanvre est naturel et c'est un mets délicieux. C'est un cadeau pour nous qui avons tant de difficultés à nous nourrir. Les hommes emploient des poisons qui nous font mourir. Nous sommes désolés pour la production de Marie-José. Nous lui envoyons de la Joie et de la Gratitude. Grâce à elle nous pouvons pérenniser l'espèce car, bien que personne ne se soucie de nous, nous sommes menacés par l'homme. Un jour l'homme réalisera le mal qu'il a fait à notre Terre-Mère, Gaïa".

Je leur ai exposé l'importance cruciale qu'avait la production de chanvre de Marie-José pour son activité, insistant sur la nécessité de parvenir à une entente mutuelle.

Marie-José a proposé de placer de la protéine de chanvre dans des seaux blancs avec une petite ouverture dans le couvercle du seau à côté des big bags, offrant ainsi une source de nourriture pour les coléoptères. En contrepartie ils devraient quitter les big bags. L'âme de groupe des insectes m'a fait part instantanément qu'il transmettait l'information par télépathie à chaque insecte présent dans les big bag.

Il m'a dit : "Nous savons que cette personne a du cœur, qu'elle a une âme pure et qu'elle ne nous aurait pas tués, c'est pour cela que nous sommes allés dans ses big bags. Ce n'est pas du hasard, rien n'est hasard, tout est signification".

J'ai demandé s'il était d'accord pour que je fasse un soin avec la Méthode des 2 Points afin de trouver la meilleure solution pour les punaises de son. Il a accepté.

Soin M2P pour les punaises de son

Le thème était : "Trouver la variante optimale pour les punaises de son".

Il y a eu deux étapes dans ce soin :

J'ai commencé à travailler avec le Module de Base puis j'ai continué avec la ligne de temps.

Ensuite j'ai créé un module spécifique pour la situation.

Première intention : "Intégration de la notion de danger en restant dans les big bags – Intégration – Activation" (Je vois les insectes qui commencent à bouger leurs ailes pour partir).

Deuxième intention : "Intégration de la notion de sécurité dans les seaux – Intégration – Maintenant !"

C'est comme si les insectes avaient compris et je vois les premières punaises de son rentrer dans les seaux.

Communication Animale avec l'âme de groupe des punaises de son du 11 juin 2022

Quand je me connecte à l'âme de groupe, je lui demande s'il y a eu une évolution. Il me répond : "Regarde !" Je le vois survoler le bâtiment avec les 892 sacs de 20 kg et aussi au-dessus des big bags. Il me montre les big bags beaucoup plus clairs, quelques insectes sont encore là et je les vois voleter autour des seaux. Puis il me délivre un message : "Merci du fond du cœur à Marie-José de nous avoir donné une chance. Personne ne se soucie de nous. Les humains courent à la catastrophe car sans nous les insectes, il n'y aura plus de vie et ce sera trop tard. Nous espérons qu'il y a d'autres belles personnes comme elle, nous la remercions encore une fois. Marie-José incarne l'agriculture de demain, une agriculture raisonnée avec des produits respectueux de la terre, qui la régénère et la nourrit."

Je lui demande comment il distribue l'information aux autres coléoptères. Il m'explique que chaque information est distribuée simultanément à tous les autres : "Nous sommes unité, nous sommes reliés à la Terre, les éléments, les animaux, les plantes… Pour la plupart des humains il y a cette déconnexion avec notre mère Gaïa, tout est dualité." La communication se termine.

Application M2P avec Marie-José du 12 juin 2022

Une semaine plus tard, j'ai fait un autre soin pour Marie-José, à sa demande, pour une prise de parole plus facile.

Le thème était le nettoyage du chakra de la gorge.

J'ai commencé par la Visualisation Quantique. Je voyais son chakra de la gorge serré et isolé des autres chakras.

J'ai mis l'intention : "Redonner sa place parmi les autres chakras". Le mot "libération" s'est présenté et le chakra de la gorge a pu reprendre tout son espace.

J'ai ensuite mis l'intention : "Fluidité de la parole".

Puis j'ai continué le soin par le nettoyage de tous les chakras, puis leur alignement.

Enfin la dernière intention était : "La parole fluide et facile à partir du cœur".

J'ai maintenu Frauke informée de tous les soins et communications que j'ai entrepris. Nous avons eu des échanges approfondis et, par la suite, nous avons planifié une séance sur Zoom réunissant Marie-José, Frauke et moi afin de poursuivre notre travail. Cette séance a eu lieu le 13 juin 2022.

Dans la situation exposée, nous avons cherché une solution qui puisse satisfaire à la fois les insectes et Marie-José. Cela impliquait la Communication Animale mais également l'utilisation de la Méthode des 2 Points pour des soins sur les insectes, sur Marie-José, mais aussi sur le bâtiment qui abritait les 892 sacs de 20 kg et les 4 big bags. Marie-José nous a aussi confié que l'emplacement de l'entrepôt de stockage était à proximité d'un lieu d'extermination pendant la Seconde Guerre mondiale.

Séance Zoom Frauke – Sandrine – Marie-José du 13 juin 2022

Frauke a commencé par un soin pour Marie-José…

Je remercie Sandrine de m'avoir impliquée dans cette transformation pluridimensionnelle de la situation. Il était en effet judicieux que nous travaillions ensemble pour ce cas complexe. Je n'écris pas toujours ce que je fais exactement lors des séances de la Méthode des 2 Points, comme le fait Sandrine. Pour ma part je commence toujours par une résonance corporelle complète. Qu'est-ce que cela signifie ?

Comme pour la Constellation Familiale, je me mets en résonance avec le champ d'information de la personne en utilisant tout mon corps. C'est-à-dire que j'entre en résonance avec la vibration de la personne, dans ce cas, Marie-José. Même si des milliers de kilomètres nous séparent, il me suffit de penser à elle et de donner à mon corps l'instruction d'entrer en résonance. Souvent mon corps prend d'abord des formes étranges, parfois je remarque que ma respiration est bloquée, je ressens une pression sur l'estomac, mon corps se tord désagréablement, et/ou bien d'autres mouvements symboliques, ou alors j'émets des sons. Mais, comme déjà mentionné, cela ne dure qu'une ou deux secondes ! Et pendant ce court laps de temps, je reçois diverses informations du champ. En même temps de nombreuses histoires sont activées, générant cette résonance en moi. C'est génial car j'ai maintenant beaucoup d'histoires importantes activées dans le champ, des expériences et des traumatismes remontant à d'autres époques.

J'intrique ces histoires avec leurs énergies bloquées dans ma main gauche – c'est maintenant le sujet, ou les sujets – et ensuite je commence généralement avec le Module de Base. Dans le cas de Marie-José, je me souviens que le module

Ho'oponopono[44] en lien avec la Méthode des 2 Points a pris une place importante. Connaissez-vous ce rituel de pardon ?

Le Ho'oponopono est un outil puissant de guérison intérieure et de transformation personnelle, favorisant la paix et l'harmonie en nous et autour de nous. Une description détaillée de Ho'oponopono fait l'objet du chapitre suivant.

Mon intuition m'a conduite à appliquer ce rituel pour Marie-José et nous en avons parcouru ensemble les étapes, renforcées par l'intégration et la pratique de la Méthode des 2 Points.

Pour terminer j'ai encore mis l'intention : "Recentrage de tous les corps", c'est-à-dire que le corps matériel et les corps subtils doivent tous être bien imbriqués les uns dans les autres. J'accompagne cette intention avec mes deux mains en ouvrant largement les bras puis en les réunissant lentement au milieu en expirant.

J'ai aussi pratiqué le grand module des 21 chakras que je ne vais toutefois pas développer ici.

Le nettoyage du Bâtiment de stockage

Frauke : J'ai entrepris un nettoyage énergétique du hangar et de ses environs. J'ai tout de suite su que cette histoire d'insectes était liée à l'histoire du bâtiment. J'ai donc donné différentes intentions avec la Méthode des 2 Points en commençant par le Module de Base.

Puis j'ai visualisé la création d'un immense tore lumineux enveloppant le bâtiment avec l'intention de transformer cet espace en une source d'énergie libre et fluide. Tout au long de ce processus j'ai ressenti une augmentation progressive de la luminosité, comme si la pureté se répandait. J'ai ajouté des intentions de nettoyage, me connectant visuellement à des images symboliques associées à la purification du lieu.

---

44 *Ho'oponopono : Voir chapitre suivant.*

Les intentions ont été suivies d'images et de mots-clés qui sont devenus conscients dans mon for intérieur. L'idée d'un gigantesque tore d'énergie et les images correspondantes sont arrivées presque en même temps – "Tout est création, énergie libre".

Lors de cette application, j'étais reliée par Zoom à Sandrine qui, de son côté, a perçu des informations.

Sandrine : J'ai travaillé en Visualisation Quantique. Au cours de cette expérience, de la dalle en béton j'ai vu émerger des nuages presque transparents. Dans mes pensées, il y avait le mot "âmes". C'était comme si des âmes emprisonnées étaient libérées et, à cet instant précis, la lumière a commencé à inonder tout l'espace, créant une scène magnifique.

Comme Frauke, mes premières impressions avaient été teintées d'une masse sombre. Cependant, à mesure que je me laissais immerger dans le processus, le bâtiment lui-même s'est transformé, devenant lumineux. C'est à ce moment que mes yeux ont discerné les insectes devant le bâtiment, devenus illuminés, commençant à s'élever gracieusement des sacs.

C'était une expérience magnifique car nos deux soins ensemble ont permis une transformation de l'obscurité à la lumière.

Communication Animale avec l'âme de groupe des punaises de son du 15 juin 2022

Sandrine : Lorsque je me suis connectée à l'âme de groupe, une image immédiate m'est apparue : un champ de blé sous un grand ciel bleu. L'esprit de groupe m'a partagé que tous les insectes avaient choisi de partir ailleurs, exprimant leur gratitude envers Marie-José pour sa compréhension et sa bienveillance. Ils ont également saisi l'importance de faire découvrir la poudre hyperprotéinée de chanvre dans le monde actuel, contribuant ainsi à un avenir prometteur. Ils n'ont pas opté pour les seaux car l'odeur émanant des récipients les a dérangés et passer par le petit trou ne leur offrait pas le confort nécessaire.

Leur départ fut comme facilité par les soins de la Méthode des 2 Points qui les ont aidés à prendre conscience de la nécessité de partir. Un changement d'état dans leur conscience a été ressenti simultanément par tous les insectes, renforçant leur connexion en tant que cellules du grand Tout.

Je demande à l'âme de groupe si les coléoptères ont ressenti le nettoyage du bâtiment de stockage réalisé par Frauke.

Il me répond : "Nous avons ressenti cette transformation puissante. Il y a eu des libérations puissantes grâce à la force du cœur. L'énergie de ce lieu était très pesante et il y avait de nombreuses mémoires emprisonnées dans le béton et dans les murs. Frauke a permis de laisser partir toutes ces âmes emprisonnées depuis plusieurs décennies. La lumière s'est manifestée dans la pièce et dehors également. Nous sommes devenus lumineux et c'est là, Sandrine, que tu nous as vus voler."

Je lui demande : "Êtes-vous tous partis ?" Il me répond : "Chaque individu est une cellule du Grand Tout donc si un insecte reçoit l'information de partir, les autres ont perçu cette décision aussi."

L'âme de groupe me dit : "Tu sais, ce n'est pas un hasard si nous sommes sur le chemin de Marie-José : il y a des mémoires à libérer chez elle aussi. Elle est sur son chemin de vie, elle fait partie de Gaïa, notre Terre à tous."

Je lui explique que Marie-José se fait du souci pour le peuple des punaises de son.

"Rassure-la, nous sommes gorgés d'amour et de lumière, nous la remercions. Nous, tous ensemble, nous sommes en train de construire notre nouveau monde."

Je leur pose une dernière question : "Ce nouveau monde sera-t-il facile à construire ?"

"Non, il y aura des épreuves mais tout est déjà là, tout est déjà en nous. Nous avançons ensemble."

Gratitude et Amour au peuple des insectes.

Nous étions tellement heureuses et enthousiastes que nous avons réalisé une vidéo avec Marie-José[45] où nous relatons cette expérience. Découvrez-la dès maintenant pour partager notre joie et notre énergie débordantes !

Tu t'intéresses à la Communication Animale ?

A la fin du livre, tu trouveras les liens vers les 2 formations en ligne à télécharger sur la Méthode des 2 Points et la Communication Animale.

---

45 Les Soins Quantiques pour l'Agriculture d'aujourd'hui – La Communication Animale et la M2P – https://www.youtube.com/watch?v=rIWOy9Jemd8

36. Qu'est-ce que le Ho'oponopono ?

Le Ho'oponopono (ho-o-pono-pono, parfois traduit par "remettre les choses en ordre", "rétablir l'équilibre") est une tradition ancestrale et spirituelle de regret et de réconciliation des anciens Hawaïens. Le Ho'oponopono traditionnel était dirigé par un ou une kahuna lā'au lapa'au (prêtre guérisseur) pour guérir les maladies physiques ou psychiques au sein des groupes familiaux. La plupart des versions modernes sont conçues de telle façon que chacun puisse le faire seul.

Le Ho'oponopono a été popularisé en 1992 par le Dr Hew Len. Dans son livre, le Dr Len propose de "conduire l'Homme au statut-zéro, où il aurait des possibilités infinies, pas de mémoire, pas d'identité". Pour atteindre cet état, que Len nomme l'Identité de Soi-Même, on répète comme un mantra : "Désolé. Pardon. Merci. Je t'aime." Len enseigne aussi son idée de la pleine responsabilité, non seulement pour les actions commises par soi-même mais aussi pour celles des autres. Il écrit : "Lorsqu'on prend la responsabilité de sa vie, tout ce que l'on voit, entend, sent, ou apprend d'une façon ou d'une autre, on en est totalement responsable, puisque cela fait partie de la perception de sa propre vie. Le problème n'est pas la réalité à l'extérieur de soi, mais à l'intérieur ; et pour changer cette réalité, on doit se changer soi-même. La responsabilité totale signifie que tout le vécu est une projection de l'intérieur de l'Homme."

Le Dr Len explique que les situations qui apparaissent dans nos vies sont de notre responsabilité car elles répondent à des "mémoires" qui sont à l'intérieur de nous. Chacun est créateur à 100% de sa vie, le meilleur comme le moins bon. Aussi, pour parvenir à un état de paix, il est inutile de chercher à changer l'autre et de se comporter en victime. La solution consiste à effacer en soi les mémoires devenues limitantes et de laisser la place au "vide" – la vacuité - pour que l'inspiration nous guide vers des situations positives et constructives.

Si cet étrange mot hawaïen Ho'oponopono signifie "recréer l'ordre universel", une précision est nécessaire : l'universel se trouve à l'intérieur de soi. Ainsi, pour que des changements s'opèrent, nous devons nous responsabiliser et prendre notre "univers" en main. Face à un conflit, une émotion intense, une situation difficile ou une pensée négative, nous adoptons une attitude autonome et responsable. En prononçant cette formule, nous apprenons à lâcher prise, à prendre une certaine distance face à ce qui nous arrive et à modérer nos attentes. En aucun cas cette méthode n'incite à l'inaction ou à la victimisation. Elle encourage plutôt une meilleure écoute intérieure – observer ce qui se passe en nous quand on est confronté à une perturbation – au lieu de se lancer sans réfléchir dans des accusations, des récriminations ou des actions néfastes.

La Formule Ho'oponopono : "Désolé. Pardon. Merci. Je t'aime"

Dès qu'un conflit surgit ou qu'une émotion forte et négative nous trouble, on prononce à voix haute ou intérieurement la formule Ho'oponopono : *"Désolé. Pardon. Merci. Je t'aime"*. L'essentiel de la méthode Ho'oponopono tient dans cette simple formule.

Explications de la Formule

Voici ce que chaque mot signifie et ce qu'il nous apporte quand on prononce la formule.

- **Désolé** : On reconnaît la situation. On l'observe et on l'accepte. Cela ouvre la voie à la guérison en admettant que quelque chose ne va pas.
- **Pardon** : On pardonne à soi, aux autres ou même à l'Univers de nous faire vivre ce conflit, cette perturba-

tion. Le pardon amène une libération tant pour celui qui l'offre que pour celui qui le reçoit. On n'accuse pas, on pardonne. C'est fort différent. Le pardon permet de libérer le blocage qui pourrait s'installer si on ne le fait pas. On se responsabilise face à ce qui arrive.

- **Merci** : On donne un sens à cette situation en trouvant ce qu'elle nous apprend et ce qu'elle nous permet de "nettoyer" en soi. La gratitude contribue à amorcer un changement positif. En remerciant, on manifeste de la reconnaissance pour l'opportunité de croissance que chaque situation nous offre.

- **Je t'aime** : Ainsi on renoue avec l'amour au lieu de rester dans la négativité. Cela aide à rétablir une connexion harmonieuse avec soi-même et les autres, transformant l'énergie négative en énergie positive.

37. La Relation entre l'Homme et l'Animal : L'Effet Miroir

Dans son livre *"Mon animal et moi"*, Marta Williams nous explique que l'effet miroir est partout, entre deux parents, entre les parents et les enfants et aussi entre le gardien ou la gardienne et son animal.

Aujourd'hui, nos compagnons à quatre pattes sont considérés comme de véritables membres de la famille. Leurs comportements inhabituels peuvent parfois agir comme des révélateurs, reflétant des changements de notre personnalité ou des éléments internes qui nous échappent peut-être. Par exemple un changement dans le comportement d'un animal peut être lié à des modifications dans l'environnement familial ou aux émotions de ses gardiens. En agissant comme des miroirs de notre état émotionnel, nos animaux nous montrent parfois des déséquilibres, des aspects de nous-mêmes que nous pourrions ne pas voir ou que nous préférerions ne pas reconnaître.

Lorsqu'une personne me contacte c'est souvent en raison de dysfonctionnements chez son animal tels que des comportements perturbants comme l'agressivité, la peur, l'irritation, le marquage, ou des problèmes liés à la propreté chez les chats, le refus de partir en balade pour un cheval… Mon approche commence par une Communication Animale où je crée une bulle de bien-être pour instaurer un dialogue avec l'animal une fois qu'il se sent en confiance.

L'animal peut être conscient de son problème et m'en faire part en me parlant d'un changement pour son gardien mais il peut être aussi incapable d'en identifier l'origine ou de fournir des explications. Nous allons donc parler d'effet miroir.

La Méthode des 2 Points devient alors un outil puissant pour travailler sur ces thèmes partagés entre les gardiens et les animaux. Les thèmes sont intriqués (reliés) entre l'animal et son gardien. Il convient donc de faire un soin sur l'animal et un soin sur le gardien avec le même thème.

Avec la Méthode des 2 Points, je peux utiliser différentes applications telles que l'intégration des ressources, la transformation des blocages, la variante optimale, la Ligne du Temps, les croyances à transformer... Ces applications permettent d'explorer et de transformer les énergies et les schémas qui contribuent aux difficultés rencontrées. La Méthode des 2 Points est, à ma connaissance, l'une des rares méthodes qui intègrent le concept de l'effet miroir. Si je me concentre uniquement sur l'animal à travers un soin, il arrive fréquemment que le problème persiste de manière récurrente.

Après le soin effectué sur l'animal et son gardien, quelque temps après, la personne me fait part des changements observés, aussi bien chez l'animal que chez elle-même.

Afin de mieux comprendre, j'aimerais vous partager quelques soins et communications traitant de l'effet miroir.

Quelques exemples :

Bony et Marie :

Bony est une jument de 10 ans qui souffre d'arthrose.

Lors de la Communication Animale, Bony me fait savoir que le problème d'arthrose est lié avec Marie, sa gardienne. Je fais donc le même soin pour chacune d'elles avec comme thème : "Ça serait génial que l'arthrose disparaisse".

Enzo et Michel :

Michel me demande une Communication car son cheval Enzo est craintif et refuse de rentrer dans un van pour changer de pré.

Enzo me dit : "Je suis très relié avec Michel, je ressens tout ce qu'il ressent, tout comme lui, je suis hypersensible. Nous avons tant à apprendre et nous avançons ensemble. Je ne suis pas là par hasard. Je ne veux pas rentrer dans le van car j'ai peur de partir et de ne pas revenir." Il me parle de la peur de l'abandon, de la séparation, thème commun avec son gardien.

Je propose à Michel un soin pour son cheval. Le thème choisi est : "Ça serait génial pour Enzo de rentrer dans le van sans aucune appréhension".

Tiwi et Bénédicte :

Tiwi est un petit chaton de six mois qui attire l'attention de sa gardienne en faisant de nombreuses bêtises.

Pendant la communication Tiwi a un message pour sa gardienne : "Être ici et maintenant". Il me dit : "Je voudrais que Bénédicte prenne du temps pour elle et qu'elle lâche prise. Quand elle me gronde, elle se punit elle-même. Je veux juste qu'elle se libère de ses croyances et de son mental. Bénédicte est en train de se redécouvrir. Elle a entrepris un long voyage qui la guidera au plus profond de son âme. Elle est ici pour rayonner la lumière et l'amour. Elle a plusieurs guides et, même si elle ne s'en aperçoit pas, je suis un de ses guides. Je suis relié à elle, je suis en elle et elle est en moi."

Le thème choisi pour Tiwi et Bénédicte est : "Être dans l'instant présent, revenir dans le calme intérieur, être guidé par ta lumière".

Mawa et Orus, deux Huskys

En ce qui concerne Mawa, le Husky (dont l'histoire suivra), l'utilisation de la Méthode des 2 Points pour équilibrer la relation avec Orus et Renaud a permis de cibler des intentions spécifiques, comme la perte de la notion de dominance alpha. En parallèle, l'effet miroir a été employé pour prendre conscience des émotions de Mawa et les relier aux déséquilibres émotionnels de Renaud, créant ainsi une approche quantique pour résoudre le problème.

38. Mawa et Renaud : De la Dominance Alpha à la Sérénité partagée

Renaud, ancien militaire, commando montagne (élite des chasseurs alpins) et propriétaire attentionné de deux huskys, Mawa et Orus, m'a contactée en septembre 2023 dans un état de désarroi profond. Les deux chiens, qui avaient grandi en parfaite harmonie, ont soudainement vu leur relation basculer lors d'une promenade matinale. Mawa a violemment attaqué Orus, manifestant une agressivité inexpliquée. Cette hostilité s'est étendue au moment du repas où Mawa s'est jeté sur Orus avec l'intention de le tuer. La situation a pris une tournure encore plus préoccupante lorsque Mawa est devenu menaçant en montrant les dents et en grognant contre son gardien.

Renaud a séparé les deux chiens mais il était anxieux concernant le changement soudain de Mawa.

Désemparé, Renaud a sollicité l'aide de comportementalistes canins et de vétérinaires mais, malgré leurs conseils, aucune amélioration n'a été constatée. C'est à ce moment-là que Renaud m'a contactée. Lors de notre entretien téléphonique, après avoir écouté attentivement son récit, j'ai proposé une approche différente : une Communication Animale avec Mawa et un soin à la fois pour le chien et pour Renaud.

Communication Animale et soin pour Mawa du 28 septembre 2023

Les premières images de Mawa me montrent un chien anxieux (il fait les cent pas avec la queue entre les jambes). Il traverse le pont de lumière puis, craintif, s'assied en face de moi à une distance de trois mètres environ. Je l'emmène dans ma bulle et il part à l'aventure. En quelques secondes il est loin et je vois dans cette grande étendue la course folle de Mawa derrière un lièvre qu'il a débusqué. Je le laisse revenir. Il me dit : "J'aimerais te remercier car tu as compris que j'avais besoin de liberté, d'espace. Nous les Huskys sommes différents, entre chiens et loups. Renaud parle beaucoup de moi en ce moment, il est stressé. Alors je suis prêt à répondre à tes questions."

Je lui demande de m'expliquer la relation actuelle entre lui, Orus et Renaud.

Mawa me montre des images de jeux avec Orus lorsqu'ils étaient petits puis il me dit : "Je me sens différent depuis quelques mois. (Je le vois très grand et Orus est minuscule à côté de lui). Mon caractère s'affirme et la dominance devient de plus en plus forte envers Orus. Renaud est plus agressif depuis quelque temps, nous sommes un seul champ d'informations, c'est-à-dire que je ressens tout ce qu'il ressent. Il est plus vulnérable aussi."

"Je ressens un déséquilibre intérieur chez Renaud et donc chez moi aussi. L'instinct sauvage prend le dessus : je deviens loup, tu peux le voir dans mes yeux. Renaud n'a plus aucune prise sur moi. Je demande à Orus de se tenir à distance car je ne peux plus me contrôler et je sais que je peux lui faire très mal à chaque instant."

Mawa m'explique qu'il n'est pas jaloux d'Orus et qu'il est malheureux de ce qui se passe. "Nos relations ont changé, il y a celui qui domine et celui qui obéit. Je suis triste." Il me dit également que Renaud exerce un contrôle permanent dans sa vie, qu'il faudrait qu'il s'adoucisse, qu'il lâche et qu'il profite de l'instant présent. Il se fait beaucoup de soucis pour son gardien qu'il aime. Cependant il est content qu'il s'ouvre à de nouveaux possibles par la Communication animale.

Je propose un soin de la Méthode des 2 Points à Mawa dans ma bulle, il est tout de suite d'accord.

Le thème activé est : "Équilibrage de la relation avec Orus et Renaud, perdre cette notion de dominance de mâle alpha. Revenir à ta place".

Je commence par les Constellations de table entre Mawa et Orus et Mawa et Renaud. Puis je fais la Ligne du Temps et un scan de purification.

J'équilibre et harmonise les chakras. Mawa reçoit chez Sigrid les Fleurs de Bach appropriées puis je termine le soin avec l'intention : "Effacer les peurs".

Mawa me dit après le soin : "Je suis apaisé. Il y a des ondes qui parcourent mon corps, je les ressens dans chacune de mes cellules. J'aime ma famille, je souhaite que l'on m'aide afin que la paix revienne entre nous."

Le 2 octobre 2023, j'ai fait un soin sur Renaud avec le même thème. J'ai fait le Module de Base, la Ligne du Temps et l'équilibrage des chakras, puis j'ai mis l'intention : "Centrage de tous les corps dans toutes les dimensions et dans tous les espaces-temps".

J'ai inclus des Fleurs de Bach et le retour au Point Zéro. Pour terminer, j'ai demandé que Renaud soit guidé par la Source.

Huit jours après le soin de Mawa, Renaud observe des changements positifs : les promenades reprennent avec les deux chiens en liberté. Mawa se calme et son agressivité envers Orus diminue.

Quatre mois plus tard le succès est manifeste : les deux chiens retrouvent leur complicité, jouent ensemble, les balades quotidiennes ont repris. Les deux chiens partagent leurs repas paisiblement. Renaud a retrouvé son chien Mawa comme il le connaissait depuis toujours et ce dernier se réjouit d'une atmosphère sereine, profitant pleinement de l'instant présent.

L'esprit de Renaud s'est élargi pour accueillir de nouvelles perspectives parmi lesquelles les soins quantiques. Il a expérimenté les bienfaits des soins de la Méthode des 2 Points et de la Communication Animale. Ainsi une nouvelle réalité s'est ouverte à lui, ébranlant ses convictions et élargissant les limites de sa compréhension, rendant l'impossible possible.

39. Les Soins Holistiques pour les Personnes et les Animaux – Tartine et Yann

Tartine, une jeune chienne Berger Belge Tervuren de 16 mois, est la fierté de Yann et Diane, résidant à Biarritz. Toujours pleine de vitalité et d'enthousiasme, Tartine ne passe jamais inaperçue lors de ses balades à la plage où elle aime aller à la rencontre des personnes qu'elle croise. Cependant, le 26 janvier 2024, Yann remarque que Tartine est anormalement léthargique et déshydratée au réveil. Inquiet, il l'emmène en urgence à la clinique vétérinaire de Parme où elle reste une semaine. Les vétérinaires, après des examens approfondis incluant radios, échographies et tests sanguins, posent un diagnostic alarmant : Tartine souffre d'une grave affection au niveau de la gorge et de l'estomac mettant sa vie en danger. Malgré la morphine pour soulager la douleur, Tartine ne montre aucun signe d'amélioration. Au contraire, son état continue de se détériorer. Face à cette situation critique, Yann me contacte, espérant dans un dernier recours, que la Communication Animale et les soins de la Méthode des 2 Points pourront soulager sa chienne et l'aider à aller mieux.

Communication Animale du 2 février 2024

En me connectant à Tartine, je visualise nettement le box où elle se trouve à la clinique vétérinaire et je ressens qu'elle est très fatiguée. Elle me dit : "Je voudrais retourner à la maison, je ne suis pas bien ici, ma famille me manque. Le personnel est attentif et prend soin de moi mais il me manque l'Amour de mes gardiens".

Je lui demande de me raconter ce qui s'est passé avant qu'elle ne soit emmenée à la clinique. Tartine m'explique en détail : "Je suis très énergique, dynamique, sportive et j'aime me promener longuement mais soudain, je suis devenue apathique, toute mon énergie a disparu. C'est peut-être un message pour nous rappeler qu'il faut vivre l'instant présent car tout est éphémère".

"Comment te sens-tu maintenant ?" "J'ai mal à l'estomac et je suis fatiguée. Je suis à l'opposé de mon état d'origine, c'est-à-dire joyeuse et dynamique. Je suis envahie par la tristesse aussi.

J'ai un lien très fort avec Yann, je l'aime. Je le connais d'autres incarnations et je l'aimais déjà, c'est pour cela que notre lien est si fort. Je veille sur lui constamment, je le protège et je me fais du souci pour lui : c'est comme ça, nous les chiens avons cet amour inconditionnel et nous aimons avec notre cœur. Yann est stressé depuis quelque temps... Non, depuis que je le connais. Il a la peur de manquer mais aussi la peur de ne pas être à la hauteur. Il fait le mec très dur car il ne veut pas montrer ses émotions, il les cache mais moi je ressens tout ce qu'il ressent et cela m'attriste. J'aimerais lui dire que c'est une belle personne avec un grand cœur. Il a beaucoup de souffrances en lui qui ont été refoulées et laissées dans un coin à l'intérieur de lui.

J'ai choisi d'accompagner Yann dans sa vie, dans ses problèmes aussi mais surtout le guider afin de l'aider à y voir plus clair. Il y a cette lumière en lui, elle est toujours là mais actuellement l'ombre la cache."

Tartine exprime le désir de rentrer chez elle ce soir mais elle reconnaît qu'elle est trop faible. Je lui explique alors que je vais lui faire un soin pour l'aider. Elle me confie : "Gratitude, merci. Je ressens en toi beaucoup de lumière et d'amour. Notre rencontre n'est pas un hasard, tu es celle que j'attendais. Je sens la force du cœur et la lumière qui brille en toi peut grandement m'aider. J'aimerais dire à Diane que je l'aime aussi et qu'elle est toujours dans mon cœur."

Je lui pose une dernière question : "Quelle est ta mission envers Yann ?" Elle me répond : "Je suis là pour le faire évoluer dans la lumière, sur son chemin. Notre rencontre est une re-connaissance, une rencontre qui a changé la vie de Yann. Il a épousé ce sentiment d'Amour comme il ne l'avait jamais ressenti, cela a réveillé l'Amour inconditionnel et aussi une joie de vivre qu'il avait perdue. Je suis là pour l'aider à traverser des tempêtes, des orages, la vie mais aussi pour lui dire de revenir dans l'Amour, de retrouver l'équilibre dans l'instant présent. Je suis là pour lui dire que la vie est belle, que chaque moment est émerveillement. Je suis là pour lui dire : je t'aime."

Je fais ensuite un soin avec le thème suivant : "Retrouver l'énergie, nettoyage de l'appareil digestif, accueillir des miracles".

Je commence par le Module de Base, la Ligne du Temps et le scan de purification puis j'équilibre le Yin et le Yang et j'harmonise les chakras. Tartine avait cinq chakras bloqués.

Je mets ensuite les intentions suivantes :

- Activation du Point Zéro
- Intégration des vitamines quantiques
- Équilibrage émotionnel avec Yann
- Activation d'un traitement de Fleurs de Bach trois fois par jour pendant un mois. Dans notre perspective, ces traitements sont dispensés lors de rendez-vous dans la fréquence Delta avec Sigrid. Pourquoi "Delta" ? Frauke vous l'expliquera dans un prochain chapitre.

Je me plonge alors dans la Visualisation Quantique : Je commence par nettoyer l'estomac de Tartine. À l'intérieur, je perçois une grande quantité d'eau qui est rapidement absorbée par un géant à l'aide d'une paille géante.

Ensuite j'introduis des bouillottes quantiques pour réchauffer Tartine et lui offrir plus de confort.

Puis je fais appel aux meilleurs vétérinaires quantiques pour prodiguer les soins nécessaires et permettre à Tartine de retrouver une santé optimale.

Enfin je crée une bulle d'immunité, une bulle de lumière qui la protégera contre les agressions extérieures telles que les virus, les microbes et les bactéries.

Tartine exprime sa gratitude mais se sent fatiguée et a besoin de repos.

Le soir même, les vétérinaires donnent leur accord pour que Tartine rentre chez elle. À la surprise générale, elle a miraculeusement retrouvé de l'énergie. Cependant les soins devront se poursuivre à la maison pour assurer son rétablissement.

Le soin de Yann a lieu le même soir.

Comme pour Tartine, je commence par le Module de Base, la Ligne du Temps puis le scan de purification.

Ensuite j'équilibre les chakras (cinq étaient bloqués) puis je mets les intentions suivantes :

- Reconnexion à la Source
- Être guidé par ta lumière intérieure
- Équilibrage émotionnel avec Tartine
- Amour, lâcher-prise, confiance et gratitude.

Yann me tient informé de l'évolution de Tartine. Chaque jour elle reprend un peu plus de forces. Les vétérinaires lui disent qu'ils soupçonnent la présence d'une aiguille microscopique enfoncée dans son palais. À la demande de son gardien, je réalise une petite communication le 5 février 2024.

Tartine se sent mieux, calme, sereine et heureuse de retrouver Yann et Diane. Je ressens immédiatement un apaisement dans mon propre corps tandis que son énergie revient peu à peu. Elle m'explique qu'elle a besoin de repos, passant beaucoup de temps à dormir en raison des traitements médicamenteux, et qu'une gêne persiste effectivement dans son palais, provoquant des douleurs. Je lui propose alors un soin.

Le thème est : "La guérison totale" – "Ça serait génial que tu n'aies plus d'infection dans le palais et que tu retrouves une pleine santé".

Après le Module de Base, je mets les intentions suivantes :
- Augmentation de l'immunité
- Diminuer la douleur dans le palais
- Avoir plus d'énergie
- Intégration du "miel quantique de lumière" pour une cicatrisation optimale.

Je termine en Visualisation Quantique : je vois une petite fée bleue avec sa baguette magique qui fait disparaître l'épine.

Yann me recontacte quelques jours après, l'énergie est revenue. Tartine est en forme. Il me demande un dernier soin et une dernière communication que j'effectue le 25 février 2024.

La première image qu'elle me montre est l'océan. Elle me dit : "Regarde comme c'est beau, regarde l'immensité et cette lumière. Je voulais te partager ces instants d'émerveillement. J'ai tellement craint de ne plus vivre les moments de jeux sur la plage avec Yann. (Je la vois courir joyeusement après une balle, la ramenant ensuite à Yann avec un enthousiasme débordant.)

Elle continue de me parler : "J'ai retrouvé mon entrain, ma joie de vivre et, de ce fait, Yann va mieux, il retrouve aussi la joie de vivre. Il est libéré d'un poids, celui de la souffrance qui l'emprisonnait : à travers ma souffrance il a vu sa propre souffrance intérieure. Ce qui lui a fait du bien, évidemment, c'est ma guérison mais aussi que tu le reconnectes à sa lumière intérieure, à son centre : c'est l'Amour pur, la reconnexion à son essence, à ce que nous sommes vraiment. Ce que j'aimerais te dire, c'est MERCI (je vois les lettres en majuscule en forme de nuages au-dessus de l'océan) de la part de Yann, Diane et moi-même. J'ai eu tellement peur, tu nous as réunis à nouveau. Ce que j'ai vécu, ce que nous avons vécu a été très difficile mais nous ressortons de cette épreuve avec un amour encore plus fort."

Je lui demande comment elle se sent. Elle me répond : "Bien, voire très bien. Je ne ressens plus aucune douleur et la petite épine qui était coincée dans mon palais a mystérieusement disparu : c'est certainement la fée bleue qui l'a transformée en lumière. Je ressens cependant encore l'inquiétude de Yann, il craint encore que tout cela ne soit pas terminé."

Je poursuis : "Est-ce que tu as des peurs ?" Tartine me répond : "Oui, peur de perdre ma famille car nous sommes UN et je ressens ce que ressentent Yann et Diane. Tu sais, Yann a cette peur de l'abandon qui est activée, je suis là pour l'aider à être plus serein. De par son vécu cette peur a été activée plusieurs fois. Il est très attaché à sa petite famille. Ce que j'aimerais exprimer, c'est que Yann doit se faire confiance. Il est hypersensible. C'est une très belle personne dans la bienveillance mais il craint le jugement des autres et a du mal à affirmer ses pensées et ses idées. J'aimerais lui dire qu'il est prêt pour OSER.

À travers ce que j'ai traversé il a vu que l'amour est plus fort que tout. Je reconnais que les soins vétérinaires dans cette clinique étaient essentiels mais les vétérinaires, même s'ils sont très bons (et là, c'était le cas), ne reproduisent que ce qu'ils ont appris et leurs connaissances ont des limites. Est-ce que j'aurais pu m'en sortir sans ton intervention ? Je ne sais pas, j'étais perdue à l'intérieur de moi, j'étais comme aspirée dans un vide. Ton intervention pour Yann et moi a été salvatrice car tu as remis la force dans nos cœurs. Il y a eu des libérations et j'ai ressenti l'Amour, l'Amour avec un grand A. Yann s'est libéré et lorsque la lumière s'est réactivée chez moi, tout de suite je l'ai ressentie dans mon cœur : cette lumière s'est diffusée dans toutes mes cellules. C'est le cœur, c'est cette Source qui nous a permis que l'ombre s'efface et que petit à petit je revienne à l'intérieur de moi." Elle me confie ensuite : "J'aimerais que tu vérifies que tout fonctionne bien chez moi. De plus, je ressens encore un peu d'air dans mon estomac et dans la gorge. Est-ce que tu peux me faire un autre soin ? La bulle d'immunité m'a beaucoup aidée. Est-ce que tu peux continuer à l'activer car je me sens protégée ?"

Je fais donc un dernier soin pour Tartine. Le thème est : "La pleine santé, le nettoyage de l'estomac et de la gorge, réactiver une bulle d'immunité avec toutes les histoires qui vont avec, dans toutes les dimensions et tous les espaces-temps".

Je fais le Module de Base puis je vérifie les chakras. Seul le chakra du plexus solaire n'était pas aligné. Ensuite je continue le soin en visualisation :

Je demande un aspirateur quantique pour enlever l'air encore présent dans la gorge et l'estomac puis avec Tartine nous construisons ensemble sa bulle d'immunité. Elle émet la lumière à partir de son cœur et construit une sphère qui s'étend et devient de plus en plus grande. J'active cette bulle d'immunité pour trois mois. Enfin je termine avec deux intentions :

- Activation de la Lumière et de l'Amour dans ton cœur
- Rétablissement de l'équilibre émotionnel avec Yann.

Après le soin je lui demande comment elle se sent. Elle me répond : "Illuminée et apaisée aussi. J'ai aimé participer aux soins quand nous avons activé ensemble la bulle d'immunité".

"Est-ce que tu as un dernier message ?" "Dis à Yann et Diane que je les aime et que je les remercie." Je lui explique que nous sommes en train d'écrire un livre avec Frauke et que j'aimerais inclure son histoire dans ce livre que vous, lecteurs et lectrices, tenez entre vos mains.

Elle me dit : "Je suis fière que mon histoire soit partagée. J'aimerais dire aux personnes que l'amour est la source de guérison et que c'est notre lumière intérieure qui nous guide. Quelquefois elle est cachée mais la lumière est toujours là. Nous avons besoin de fées comme toi qui nous ramènent vers l'essence de la vie même."

Aujourd'hui Tartine se porte à merveille et je reçois régulièrement de ses nouvelles. Cet épisode difficile semble déjà loin derrière elle et elle profite pleinement de la vie, faisant de belles promenades au bord de l'océan aux côtés de ses précieux gardiens qu'elle adore.

40. Les Ondes Cérébrales : Un Voyage dans la Multidimensionnalité

Dans le monde contemporain où science et spiritualité se rencontrent de plus en plus souvent, la nature complexe de la conscience humaine devient de plus en plus évidente. Un aspect central de cette conscience réside dans les différentes gammes de fréquences d'ondes cérébrales qui nous aident à comprendre et à naviguer dans divers états de conscience. Les cinq principales gammes de fréquences d'ondes cérébrales — Delta, Thêta, Alpha, Bêta et Gamma — jouent un rôle essentiel dans nos expériences mentales, émotionnelles et spirituelles.

Alors que Sandrine et moi nous plongions de plus en plus profondément dans notre exploration de la guérison quantique, nous avons revu notre ancienne affirmation selon laquelle l'effet de la Méthode des 2 Points se produisait principalement dans les plages de fréquences Alpha et Thêta. Grâce à des échanges enrichissants avec des collègues et à de nouvelles études empiriques, nous avons découvert que nous agissons également dans les fréquences Delta et Gamma. Ces découvertes soulignent la richesse et la diversité des états de conscience que nous atteignons en pratiquant la Méthode des 2 Points, révélant ainsi une dimension encore plus vaste de notre potentiel de guérison et de transformation intérieure.

Les Ondes Cérébrales et leurs Fonctions

Les Ondes Delta (0,5 – 4 Hz)

Les ondes Delta sont les plus lentes, avec la plus grande amplitude. Elles prédominent pendant le sommeil profond sans rêves, également connu sous le nom de stades 3 et 4 du sommeil. Ces ondes sont essentielles pour la récupération physique et la guérison car elles favorisent la croissance et la régénération des cellules ainsi que le renforcement du système immunitaire. Dans les états méditatifs les ondes Delta peuvent également induire une paix profonde et sans rêves, intensifiant le sentiment de paix et de sécurité.

Quand Sandrine communique par télépathie avec Sigrid pour qu'elle compose un mélange de Fleurs de Bach adapté à chaque animal, il est probable qu'elle soit dans les ondes Delta. Cette fréquence cérébrale, caractérisée par une connexion subtile et profonde, facilite une communication à un niveau plus ethéré. Pour confirmer cette hypothèse, Frauke a réalisé une résonance corporelle, qui a validé l'activation de cette fréquence pendant la connexion.

Les Ondes Thêta (4 - 8 Hz)

Les ondes Thêta, plus rapides que les ondes Delta, sont associées à l'état de relaxation profonde et aux états de transe ou d'hypnose. Elles se manifestent souvent lors de la méditation profonde et des phases de demi-sommeil. Les ondes Thêta permettent un accès profond au subconscient et au supraconscient, favorisant ainsi la pensée créative et l'intuition. Elles sont également présentes pendant la phase de sommeil paradoxal (REM), où se produisent des rêves intenses.

Les Ondes Alpha (8 - 13 Hz)

Les ondes Alpha apparaissent dans des moments de relaxation, lorsque les yeux sont fermés et que l'esprit est calme. Elles dominent souvent pendant les méditations légères ou les moments de repos. Ces ondes favorisent la synchronisation entre les deux hémisphères du cerveau, ce qui facilite le traitement de l'information, l'apprentissage et la créativité. Les ondes Alpha peuvent également aider à réduire le stress en calmant le système nerveux, induisant ainsi un sentiment général de bien-être.

Les Ondes Bêta (13 – 30 Hz)

Les ondes Bêta sont prédominantes lorsque nous sommes éveillés et engagés dans des activités mentales actives. Elles sont associées à la pensée analytique, à la résolution de problèmes et à la concentration intense. Les ondes Bêta sont particulièrement actives lorsque nous sommes vigilants et dans des environnements stimulants. Cependant une activité excessive de ces ondes peut être liée au stress, à l'anxiété et à l'agitation, surtout si le cerveau reste constamment en état d'alerte.

Les Ondes Gamma (30 – 100 Hz)

Les ondes Gamma, les plus rapides des ondes cérébrales, sont associées à des fonctions cognitives élevées et à des états de conscience élargis. Elles se manifestent souvent lors de tâches complexes nécessitant une concentration et une pensée rapide. Les ondes Gamma jouent un rôle important dans le traitement des informations provenant de différentes régions du cerveau et sont liées à une perception développée et à une conscience éveillée. Dans les expériences spirituelles ou mystiques, les ondes Gamma peuvent favoriser un sentiment d'unité et de connexion. Bien sûr notre perception de la réalité ne s'arrête pas à une fréquence de 100 Hz mais restons d'abord sur ce que nous pouvons plus ou moins consciemment expérimenter et décrire en tant que personnes incarnées en ce temps et en cette dimension.

La Méthode des 2 Points et la Multidimensionnalité

La Méthode des 2 Points (M2P) repose sur la compréhension que l'être humain est un être multidimensionnel capable d'interagir sur différents niveaux de fréquences. Cette méthode nous permet de travailler consciemment avec les différentes ondes cérébrales, offrant ainsi un accès à un spectre élargi de la conscience humaine. La capacité à contrôler consciemment ces ondes dépend cependant fortement de l'état de conscience de la personne et de la confiance spirituelle qui nous relie à la Source ou au potentiel créateur divin au sein de notre propre cœur.

Grâce à la Méthode des 2 Points, les praticiens peuvent apprendre à se déplacer entre différents états de conscience et à les utiliser plus ou moins consciemment. Cela ouvre de nouvelles possibilités de guérison personnelle, de croissance et de développement spirituel. La M2P facilite la libération des énergies bloquées, l'harmonisation du champ énergétique et renforce la connexion à la sagesse intérieure.

Recherche Empirique et Pratique

Nos propres recherches et applications pratiques de la M2P nous ont montré que cette méthode permet d'utiliser toutes les ondes cérébrales. Nous avons documenté cette découverte dans une vidéo YouTube[46] invitant à remettre en question les hypothèses traditionnelles et à rester ouvert à de nouvelles perspectives.

Communication Animale et Interaction Multidimensionnelle

Nos expériences en Communication Animale, en particulier avec la Méthode des 2 Points, ont montré qu'un animal communique dans des ondes Alpha, comme souvent décrit dans les livres. Cependant nous avons également constaté qu'il est possible de communiquer sur d'autres fréquences, comme les ondes Delta ou Gamma, notamment lorsqu'il s'agit de l'âme-groupe des animaux.

---

46 Voici le lien vers cette vidéo : https://youtu.be/-k6Wm0i19yo
De l'Alpha au Gamma – La Méthode des 2 Points pour naviguer dans tous les États de Conscience

Ces découvertes ouvrent de nouvelles dimensions de compréhension et d'interaction avec la nature et ses habitants.

Conclusion

La Méthode des 2 Points, soutenue par une connexion profonde à la Source omnisciente du champ du cœur, nous encourage à remettre résolument en question les croyances anciennes et à emprunter de nouvelles voies de connaissance. La Source – le champ de résonance – sert de boussole infaillible dans notre voyage vers le mystère infini de la vie. Seuls l'attention, le courage et l'abandon des croyances figées nous permettent de nous rapprocher du véritable potentiel de notre être.

Pour rappel : Dans la Méthode des 2 Points, nous portons notre attention simultanément sur 2, 3 (ou plus) endroits dans le corps, ce qui a pour effet de "débrancher" l'activité mentale des thèmes quotidiens qui tournent sans cesse dans notre tête et nous épuisent, nous empêchant d'être pleinement présents dans l'ici et maintenant.

41. Iberico et Laeticia : Un Voyage à travers l'Amour, la Perte et l'Espoir

Laetitia, artiste équestre, habite en Haute-Savoie. Son amour profond et sa bienveillance envers ses chevaux font d'elle une personne dont j'admire le talent, une créatrice qui a su tisser des liens exceptionnels avec ses majestueux compagnons.

Bianca, sa première jument, qui a été sa muse et son guide dans l'art équestre, a quitté ce monde il y a deux ans, laissant un vide incommensurable dans le cœur de Laetitia et de son compagnon équin Iberico (surnommé Ibé).

Progressivement le magnifique cheval espagnol a commencé à décliner physiquement, perdant du poids et développant plusieurs ulcères. Sa joie de vivre s'est estompée peu à peu. Il refusait d'être monté et rejetait même le travail à pied, une discipline où le cheval exprime sa nature sans contrainte.

Cherchant désespérément une solution au mal-être de son compagnon, Laetitia a fait appel à des vétérinaires qui ont procédé à des analyses sanguines et administré des traitements, en vain. Depuis novembre 2023, Ibé a perdu beaucoup de poids et de masse musculaire, devenant l'ombre de lui-même.

C'est à ce moment critique que Laetitia m'a contactée. Rapidement j'ai établi un lien entre le deuil de Bianca et la douleur palpable chez Ibé et Laetitia. Je lui ai alors proposé un changement de perspective à travers la Communication Animale et les soins de la Méthode des 2 Points, lui expliquant que c'est une approche qui transcende les barrières conventionnelles pour apaiser et guérir les blessures profondes et invisibles.

Communication Animale du 7 décembre 2023

Je me connecte facilement avec Iberico. Je ressens instantanément qu'il a froid : il tremble... Il traverse le pont de lumière et je l'emmène dans ma bulle baignée de soleil. Il a du mal à se détendre, je le rassure. Je reste à côté de lui.

Il me dit : "Ma vie est très compliquée depuis quelque temps, c'est comme si j'avais perdu tous mes repères. Ma vie était magnifique quand Bianca était là. Je l'aimais beaucoup. Puis elle a été malade alors je l'ai aidée en étant à ses côtés, en lui donnant de l'amour et de la douceur. Elle s'est éteinte, me laissant seul et désespéré. Encore aujourd'hui c'est difficile de t'en parler. Elle me manque. Je sais que tu es l'amie des animaux et qu'avec toi je peux me confier, je n'ai aucun doute. Laetitia n'accepte pas non plus le départ de Bianca et j'ai en moi toutes ses peurs et les miennes. Rassure-la et dis-lui que là où elle est, elle va bien et que toutes ses souffrances ont disparu. Le passage de l'autre côté fut une délivrance mais pour nous la peine est toujours là."

"Je ne me sens pas bien du tout, c'est comme si j'étais en dépression. J'ai toujours ce soleil en moi mais l'ombre le cache. Je ressens tout le stress de Laetitia qui s'ajoute au mien, les angoisses et les douleurs dans mon ventre sont revenues. Depuis peu, j'ai retrouvé mes deux compères, Kiwi et Folio les petits poneys, nous sommes à nouveau réunis. Je ne suis plus en box mais dans un grand pré avec un abri. C'est un mode de vie que j'apprécie. Ce qui est difficile, ce sont les nuits fraîches car j'ai perdu beaucoup de poids, mes muscles ont fondu et malgré ma couverture j'ai froid."

Laetitia a changé, elle s'est renfermée, elle a perdu son étincelle et sa joie de vivre, c'est comme si une partie de son âme était partie avec Bianca. Elle ne sait pas gérer ses émotions et, lorsqu'elle me regarde dans les yeux, elle y voit le reflet d'elle-même."

Après la communication, j'ai fait un soin à Ibé. Le thème était : "Ça serait génial que tu n'aies plus mal au ventre, que tes ulcères diminuent puis disparaissent et que tu retrouves l'énergie, l'appétit et la vitalité".

J'ai commencé par le Module de Base suivi de la Ligne du Temps puis le scan de purification. J'entends les mots "stress, peur, dépression, abandon".

J'ai ensuite équilibré le Yin et le Yang puis nettoyé et harmonisé les chakras (cinq étaient bloqués sur huit). Ensuite j'ai mis les intentions suivantes :

- Diminution du taux d'acide chlorhydrique (recherche d'internet)
- Rétablissement de la production de mucus (recherche d'internet)
- Retour au Point Zéro
- Faire grandir ce soleil à l'intérieur de toi
- Intégration de petites bouillottes quantiques sous la couverture pour les nuits

J'ai terminé en intégrant par voie quantique deux produits pour le soulager et protéger l'estomac des ulcères pendant trois mois.

Deux jours après le soin je reçois un message de Laetitia. Elle a retiré la couverture et elle découvre que le corps d'Ibé a incroyablement changé. Tout s'est détendu, la peau, l'ossature, le dos, l'estomac… et son regard a changé : il est lumineux.

Je fais également un soin à Laetitia. Le thème est l'effet miroir entre Iberico et Laeticia.

Je commence par le Module de Base puis la Ligne du Temps.

J'administre des Fleurs de Bach puis je termine par le retour au Point Zéro et l'acceptation du départ de Bianca.

Seconde Communication Animale avec Ibé du 15 décembre 2023.

Il me dit : "J'aimerais te remercier car nous allons mieux : nous, c'est moi mais c'est aussi Laetitia. Je ressens en elle le calme qui s'installe et aussi la confiance qu'elle avait perdue qui revient pas à pas. Je la sens aussi plus sereine. Elle entre dans une nouvelle phase, celle de l'acceptation du départ de Bianca. Son cœur qui était fermé à tout changement, s'ouvre à la vie de nouveau. Je n'ai plus cette sensation de froid grâce à tes bouillottes quantiques, je les ressens, cela me fait du bien. Les douleurs dans le ventre se sont raréfiées et tout se calme en moi. Je mange de bon appétit, je retrouve aussi la joie de vivre après un état dépressif et d'abandon de mon corps. Je renais à la vie." Et puis il me montre une image, il me dit : "Regarde, on a joué avec Laetitia." Je vois les images où Laetitia est dans la carrière avec Ibé. Elle a les larmes aux yeux.

Je termine par un second soin pour Ibé.

Le thème est : "Renforcement de ton système immunitaire et activation de l'appétit".

Après le Module de Base, je vérifie l'alignement des chakras, puis je mets les intentions :

- Intégration d'un probiotique quantique
- Intégration du calme intérieur
- Intégration de l'amour et de la lumière

Je crée une bulle d'immunité : c'est une bulle de lumière créée à partir du cœur. Les parois transparentes en verre permettent de ne pas être contaminé par des bactéries ou des virus de l'extérieur. Je mets en place plusieurs bataillons de fourmis tout autour des parois, à l'intérieur de la bulle, afin de surveiller des attaques éventuelles et, si besoin, de pouvoir engager une bataille afin de préserver le bon fonctionnement de l'organisme d'Ibé.

Laetitia me fait un retour. Elle ressent plus d'apaisement, et l'acceptation du départ de Bianca fait son chemin.

Quinze jours après elle était sur le dos d'Ibé pour une reconnexion tout en douceur. Iberico reprend du poids tous les jours et l'énergie revient... Aujourd'hui, deux mois après, Ibé et Laetitia préparent les spectacles du printemps prochain. Je vous invite de tout cœur à regarder sur la page Facebook[47] de Laeticia.

---

47   *Page Facebook de Laeticia :*
    https://www.facebook.com/laetitia.etter/?locale=fr_FR

42. Eclair et Milo : La Peur de l'Abandon

Eclair, un poney âgé de 16 ans, fait partie des six chevaux et poneys appartenant à Anne et Guillaume, habitant la région lyonnaise. Depuis plusieurs mois Eclair souffre d'un problème de vessie qui le rend incontinent, urinant continuellement jour et nuit. Les vétérinaires ont diagnostiqué une masse, probablement une tumeur, et ont recommandé une opération coûteuse mais incertaine quant à son succès. Eclair présente des symptômes inquiétants : il se couche fréquemment pour uriner, témoignant de douleurs qu'il peine à supporter. Son caractère a subi des changements perceptibles et il semble désormais triste et déprimé, notamment parce qu'il ne peut plus être monté.

Quant à Milo, le gardien d'Éclair, âgé de 12 ans, il lutte contre l'énurésie depuis son plus jeune âge. Après un début de vie marqué par d'importantes difficultés, Milo a été confié à l'âge de trois ans et demi à Anne et Guillaume qui lui ont offert un cadre aimant et sécurisant en tant que famille d'accueil. Il est évident qu'il y a un lien entre les maladies de Milo et d'Éclair. Je propose donc une Communication Animale et un soin pour chacun d'eux, visant à soulager leurs souffrances.

Communication et soin pour Eclair du 20 mars 2024

Je me connecte facilement avec Eclair qui est d'accord pour communiquer. Je le guide avec douceur, consciente de son anxiété, en l'invitant dans ma bulle de bien-être. Je le rassure en lui expliquant qu'il retrouvera ses compagnons par la suite. Il peut se balader mais il choisit de rester près de moi en observant attentivement ce qui se passe autour de nous. Après un moment il commence à manger et à se détendre.

Je reste silencieuse, prête à recevoir ses mots avec bienveillance.

Il me confie : "J'aimerais te remercier d'être venue me voir car c'est la première fois que je vis cette expérience et j'attendais cela depuis longtemps. Je suis triste car j'ai l'impression de ne servir à rien, d'être sur le banc de touche. Je reçois quelques caresses et c'est tout. Je me sens inutile et isolé, bien qu'Anne et Guillaume s'occupent de moi comme des autres poneys. C'est vrai, je suis malade et cette maladie est très invalidante. Je ressens le regard des autres chevaux et poneys, qui expriment de la tristesse ou de la pitié, et je ne le supporte pas. Ce n'est pas agréable pour moi mais je n'ai pas changé, je suis toujours Eclair avec beaucoup d'amour à donner."

Je lui demande s'il peut me décrire ce qu'il ressent dans son corps. Il me répond : "Je me sens fatigué, mon énergie est fluctuante. Je ressens une pesanteur au niveau de la vessie comme si c'était un organe très lourd qui prend trop de place. Je ressens aussi des picotements, des brûlures quand j'urine. Tout cela contribue à une baisse de fréquence. Il y a des crises plus importantes que d'autres et quand je me couche, la douleur est insupportable. Je souffre beaucoup. En fait je n'arrive pas à me retenir, je peux te donner l'image d'une source, d'une fontaine qui coule en continu. Est-ce qu'une guérison est possible, est-ce que tu peux m'aider ?" Je lui assure que je ferai tout mon possible pour améliorer son état.

Je lui demande si sa maladie est reliée à son gardien. Il me dit : "Oui bien sûr. Milo est mon gardien, je l'aime d'un amour pur. Milo est une vieille âme, nous étions faits pour nous rencontrer. Nous avons beaucoup à apprendre de lui. Il est différent des autres enfants, il est très sensible et a du mal à exprimer ses émotions. Lorsqu'il ne va pas bien, il le manifeste par la colère. J'aime nos moments de douceur, d'intimité, je dirais. Lorsqu'il vient me voir, ma maladie s'efface et je ressens tout l'amour qu'il me donne. C'est très fusionnel.

Je suis inquiet lorsqu'il est inquiet et heureux lorsqu'il est heureux. Milo et moi sommes atypiques, différents, mais nos différences font aussi notre force."

Je lui suggère de sortir en balade. Il affirme avec enthousiasme : "Un grand OUI. Dans mon passé j'ai vécu des moments difficiles alors des balades avec Milo, j'en rêve. Ça peut être une petite balade à pied ou simplement passer du temps pour faire quelque chose ensemble. J'aime bien aussi les plus jeunes enfants pour les initier à l'équitation car je suis calme et doux et attentif. Je ressens leur émerveillement et leur joie. Tu sais, il y a le mal-être lié à la maladie mais aussi celui causé par le sentiment d'être exclu des activités. Rassure Anne et Guillaume, je les aime. Je craignais de partir, qu'ils ne m'abandonnent. Ah oui, bien sûr, j'ai oublié de te dire que la peur de l'abandon est commune entre Milo et moi mais tu l'avais certainement déjà compris."

Je fais ensuite le soin pour Eclair.

Le thème est : "Ça serait génial que tu sois guéri. Accueillir des miracles et nettoyage de la vessie et du système urinaire".

Après le Module de Base et la Ligne du Temps, j'équilibre le Yin et le Yang puis j'harmonise les chakras.

Je continue en Visualisation Quantique :

Je repère une énorme masse noire dans la vessie, compacte et imposante, nécessitant l'utilisation de deux aspirateurs quantiques pour l'éliminer. Une fois la vessie vidée de cette masse, je mets l'intention de redonner la fonction originelle de cet organe. Ensuite mon intention se pose sur l'urètre (conduit qui transporte l'urine de la vessie à l'extérieur). Je remarque la présence de nombreux petits cristaux responsables de ses douleurs. J'imagine un aimant les attirant tous ensemble tandis qu'une fée bleue les emporte dans son sac de toile de jute vers une autre planète. Je recouvre ensuite les parois de la vessie et de l'urètre d'aloé vera et de miel quantique de lumière. Une idée surgit : Eclair m'inspire l'image d'une source éternelle d'où l'eau coule sans fin. Et si j'installais un robinet ? Je le positionne à la sortie de la vessie.

Je termine le soin avec les intentions suivantes :

- Effacer la tristesse
- Intégration des vitamines quantiques
- Intégration des Fleurs de Bach trois fois par jour pendant six semaines
- Que tu sois guidé par ta lumière intérieure
- Retour au Point Zéro
- Intégration des séries de Grabovoï[48] pour le thème
- Equilibrage de la relation avec Milo.

Anne explique à Milo que je souhaite lui faire un soin. Ce dernier lui confie qu'il souhaite ardemment le rétablissement de son poney mais qu'il préférerait que je lui prodigue le soin pendant son sommeil. Le lendemain soir, alors que Milo dort, je me connecte à lui en créant un pont de lumière et en l'invitant dans ma bulle de bien-être.

La plupart du temps mes soins se déroulent à travers des plateformes telles que Zoom ou WhatsApp…, me permettant ainsi de voir la personne, de lui expliquer ma démarche et le déroulement du soin. Pour Milo, j'opte pour une approche à distance similaire à la Communication Animale : je le salue de cœur à cœur et lui demande s'il est d'accord pour me rejoindre de l'autre côté du pont de lumière. Milo accepte et nous nous retrouvons ensemble. Je ressens sa présence,

---

48 **Grigori Grabovoï**, né le 14 novembre 1961 à Tchistopol, Russie, est un scientifique et auteur russe spécialisé dans la guérison par la conscience. Diplômé en mathématiques de l'Université d'État de Moscou et détenteur d'un doctorat en sciences techniques, il est connu pour sa méthode utilisant des "séquences numériques" pour rétablir l'équilibre et favoriser la guérison, combinant science et spiritualité.

bien que je ne puisse le distinguer clairement ; il se présente plutôt sous une forme éthérée, comme un nuage.

Comme pour son poney, je commence par le Module de Base et la Ligne du Temps puis j'harmonise les chakras (les mêmes chakras que chez Eclair sont bloqués chez Milo…).

Puis je mets les intentions suivantes :

- Intégration du Point Zéro
- Être guidé par la Source, la lumière
- Expansion du cœur
- Intégration des Fleurs de Bach trois fois par jour pendant quatre semaines
- Equilibrage de la relation entre Milo et Eclair
- Intégration de la confiance en soi et de la confiance en Eclair

Au fur et à mesure du soin les images et les idées me viennent pour continuer en Visualisation Quantique.

Mon attention se porte sur la vessie de Milo et je remarque une situation similaire à celle d'Eclair (une masse noire imposante). En conséquence j'adopte la même approche de soin que celle que j'ai utilisée précédemment pour Eclair. Je programme une alarme "Pipi Stop" qui se déclenchera lorsque la vessie atteindra environ les trois quarts de sa capacité, afin que Milo puisse se rendre aux toilettes. Puis, le soin terminé, Milo, très fatigué, me remercie et me demande de le raccompagner pour passer le pont de lumière qui le ramène dans son lit.

Une semaine plus tard Anne me donne des nouvelles. Les progrès se font sentir : Eclair ne se couche plus pour uriner. Comme ses compagnons équins, il fait pipi plusieurs fois mais sans l'écoulement continu d'avant le soin. Anne me confie qu'Eclair semble avoir repris le contrôle, bien qu'il ait encore quelques fuites. Milo, quant à lui, retrouve avec plaisir le contact avec son poney (il l'a même emmené en promenade en le tenant par la longe) et il se réveille la nuit lorsqu'il a envie de faire pipi. Malgré quelques petits accidents, la situation s'est nettement améliorée. Anne me demande mon avis pour la suite et je lui propose une seconde Communication Animale suivie de soins pour Eclair et Milo.

Communication et soin pour Eclair du 6 avril 2024

Eclair traverse le pont de lumière tranquillement et me rejoint dans ma bulle. Il me dit : "Bonjour Sandrine, oui je me rappelle ton prénom. C'est toi qui m'as redonné espoir et surtout redonné espoir à Milo. Tu sais, ce qui m'attriste le plus, ce n'est pas mon état, j'aimerais que Milo aille mieux et qu'il puisse aller de l'avant. Aujourd'hui nous sommes tous les deux dans notre reconstruction émotionnelle et psychique."

Je l'interroge pour savoir s'il ressent une différence entre son état avant et après les soins que je lui ai prodigués. Il m'affirme : "Oui, j'étais tellement mal avant, ce n'est pas comparable. Déjà, j'ai moins de douleurs, je reviens vers un fonctionnement quasi-normal. En fait je suis en transition. Comme je te l'avais expliqué, c'était comme une fontaine, une source qui coulait en continu et sur laquelle je n'avais aucun contrôle. Je subissais seulement. C'était aussi très humiliant au regard des autres poneys. Mes jambes me brûlaient également en raison de l'urine qui coulait dessus. Aujourd'hui j'ai encore quelques petites fuites dues à l'effort quand je marche ou je trottine mais j'ai repris le contrôle. Je t'en suis tellement reconnaissant ! Ce que je ressens et qui contribue aussi à ma guérison, c'est que Milo revient vers moi. Ce n'est pas sa faute s'il ne venait plus me rendre visite, cela lui était impossible. Quand il me voyait, il voyait ses propres peurs. C'était comme un miroir pour lui. Cela l'a ramené à son enfant intérieur, à sa souffrance, mais c'était une étape nécessaire pour qu'il puisse avancer également."

Ensuite je reviens sur la promenade avec Milo et lui demande comment il l'a vécue. Il réagit avec grand enthousiasme : "J'ai adoré ! C'était une promenade cool au pas, avec quelques foulées au trot, cela fait partie de ma guérison. Chez vous les humains, cela s'appelle retrouver une vie sociale. J'étais tellement accablé de tristesse car plus personne ne prenait la peine de venir me voir. Je me sentais profondément seul, écarté de toute activité, comme si je n'existais plus. C'était particulièrement douloureux de réaliser que mon isolement était dû à ma différence. Là je ne ressens plus ma différence, je suis un poney comme les autres. J'aimerais recommencer, tu peux le dire à Anne. Le beau temps arrive et je serais content de faire des promenades dans les mois à venir et j'aimerais aussi que les enfants viennent me brosser et me caresser."

Je poursuis avec un soin pour Eclair. Le thème est : "Rétablissement du système urinaire et rétablissement du contrôle du sphincter ; accueillir des miracles".

Comme à mon habitude, je commence avec le Module de Base et la Ligne du Temps et j'ajoute le scan de purification. Je vérifie l'alignement des chakras, trois sont encore bloqués : le chakra racine, le chakra du cœur et le chakra brachial. Ce dernier chakra en particulier joue un rôle crucial dans la connexion entre l'animal et l'homme ainsi que dans leurs interactions variées.

Puis je mets les intentions suivantes :

- Retour au Point Zéro
- Redonner sa fonction de contrôle du sphincter urinaire
- Equilibrage de la relation avec Milo
- Activation du muscle du sphincter

En pratiquant la Visualisation Quantique je prends un moment pour observer le robinet que j'avais mis en place à la sortie de la vessie d'Eclair et je constate qu'il fuit. Comme dans les situations où nous avons des petites fuites d'eau à la maison, je sais qu'il est nécessaire de resserrer le joint du robinet. J'appelle alors un lutin à la rescousse, lui demandant d'aller chercher une clé dans sa boîte à outils pour effectuer cette opération. Une fois le joint resserré, je termine le soin en administrant par voie quantique deux traitements à base de mélanges de plantes, à suivre sur une cure de trois mois, visant à améliorer le système urinaire.

Le soir du 8 avril, je réalise un soin très complet pour Milo pendant qu'il dort. Son histoire me touche profondément et je souhaite de tout cœur qu'il puisse avancer, comme le dit son poney. Avant mon intervention, Milo a déjà bénéficié de plusieurs types de soins, notamment des soins chamaniques et des séances de kinésiologie pour d'autres thèmes. À douze ans il croit fermement aux fées, aux lutins et aux miracles. Il me donne toute sa confiance pour intervenir, sachant que je travaille avec l'Amour et le cœur.

Milo traverse le pont de lumière et je ressens sa confiance dans le soin que je vais lui donner. Je le vois toujours comme un nuage qui avance dans ma bulle.

Le thème est le suivant : "Ça serait génial que tu ne fasses plus pipi au lit ; rétablissement de ton système urinaire. Eclair et Milo : je suis guéri, tu es guéri, nous sommes guéris."

Après le Module de Base, je choisis le module des croyances puis j'harmonise les chakras. Alors que cinq étaient bloqués lors du premier soin, trois d'entre eux le sont toujours : le chakra racine, le chakra du cœur et le chakra coronal.

Je mets ensuite les intentions suivantes :
- Equilibrage et centrage de tous les corps physiques et subtils dans toutes les dimensions et espaces-temps et avec toutes les histoires qui vont avec

- Redonner la force au sphincter urinaire
- Intégration de dix séances de rééducation du sphincter urinaire (Considérant que le sphincter est un muscle, j'envisage la possibilité de le rééduquer, similairement à ce que l'on pratique pour le périnée)
- Être guidé par ton étincelle divine
- Reconnaître le pouvoir divin de guérison en toi
- Retour au Point Zéro
- Intégration de trois séances de micro-kiné avec Caroline (une amie très chère dont j'apprécie les soins)
- Intégration d'une cuillère de miel d'acacia quantique avant d'aller se coucher.

Puis je continue en Visualisation Quantique :

Je vérifie à nouveau la vessie de Milo et je remarque qu'elle se remplit rapidement et ne se vide pas complètement lorsqu'elle est pleine. Pour remédier à cela j'imagine que la vessie se gonfle comme un ballon, lui donnant ainsi une plus grande capacité. Je visualise la scène où Milo entend l'alarme programmée lors du premier soin mais il a du mal à se réveiller car il est plongé dans un sommeil profond. C'est à ce moment précis que je comprends que c'est le sommeil profond qui l'empêche de se réveiller. Je me rappelle avoir entendu parler des différents cycles de sommeil, que j'associe à l'image d'un train avec plusieurs wagons qui représentent les différents cycles du sommeil. Je mets donc l'intention suivante dans le champ :

- Intégration du petit train des cycles du sommeil.

Je termine le soin en incluant une deuxième alarme en rappel de la première si Milo ne l'entend pas : une alarme différente, visuelle, qui envoie une grande lumière rouge dans tout le corps de Milo. Les mots qui me viennent pour conclure le soin sont : "Intégration de la Joie et de la Gratitude".

Milo me remercie et retourne dans son lit en retraversant le pont de lumière.

Une semaine après les soins Anne m'appelle avec de bonnes nouvelles : Eclair urine normalement, comme les autres chevaux et poneys, il n'y a plus de fuite ni d'écoulement en continu. Pour Milo, les nouvelles sont également excellentes : depuis le deuxième soin, il se réveille toutes les nuits pour aller aux toilettes et se rendort ensuite. Il prévoit même de passer un week-end en juin chez des amis et d'y passer la nuit. Jusqu'à présent il avait toujours refusé les invitations de ses amis, ce qui le chagrinait beaucoup. Mais aujourd'hui il leur a dit qu'il serait présent pour ce magnifique week-end entre copains.

Je remercie Anne et Guillaume pour leur ouverture et leur confiance envers les soins de la Méthode des 2 Points. Je reste émerveillée, comme une enfant devant la magie de Noël lorsque j'entends les témoignages quelques jours ou semaines après les soins. Je partage la lumière, sachant que c'est à travers leur propre lumière, leur étincelle divine, que les êtres humains et les animaux trouveront leur guérison intérieure. A la fin, il ne reste que L'AMOUR.

43. Créer et Dissoudre en Temps voulu

Sandrine, j'admire ta créativité, et ton ingéniosité, et la manière dont tu as rapidement appris à appliquer de nombreuses idées dans ce grand bac à sable d'énergie libre et de possibilités qui nous est offert : par exemple l'idée du robinet subtil qui peut être fermé pour résoudre les incontinences urinaires. Cela me fait sourire et oui, je sais : ça fonctionne ! Mais n'oublions pas que ces créations, qui ont un but spécifique pour un temps limité, doivent se dissoudre après avoir accompli leur tâche. Pour éviter que ces divers objets subtils, créés à partir de rien, ou plutôt du champ de tous les possibles, ne flottent plus tard dans l'invisible, il faut toujours donner une instruction supplémentaire à cette intention. Cela peut être en ajoutant par exemple les mots suivants : "Tous les êtres, objets et/ou instructions mentales que j'ai installés dans le champ se dissolvent après la fin de la thérapie et après la guérison complète et retournent à l'énergie libre originelle." Sinon, nous encombrons notre bac à sable de créations inachevées qui, lorsqu'elles ont mené à bien leur mission, deviennent difficilement réutilisables et nous entravent dans nos nouvelles créations.

44. Nelson – De l'autre Côté...

Nelson était un chat que j'ai accompagné pendant deux ans pour des soucis de santé, un chat qui a pris une place particulière dans mon cœur. Une relation basée sur la confiance s'est épanouie, non seulement entre Nelson et moi mais également avec sa famille dévouée composée de Nathalie, Francis et leur fille Céline. La vie de Nelson fut riche et comblée de bonheur mais le 21 décembre 2022, il s'est éteint chez lui après s'être battu pour rester le plus longtemps possible auprès de sa famille. Ses gardiens l'ont laissé partir car c'était le moment pour lui de les quitter. Francis était à ses côtés et l'a accompagné pour ce passage. Nelson avait douze ans.

Quatre mois plus tard, à la demande de ses gardiens, j'ai entrepris une Communication Animale. Aucune question spécifique n'était posée par sa famille, simplement une volonté d'écouter attentivement les messages que Nelson pourrait partager. C'était un moment empreint d'émotion, une connexion spirituelle visant à préserver le lien avec leur précieux compagnon qui avait laissé une empreinte indélébile dans nos vies.

Communication Animale du 7 avril 2022

Lorsque je me connecte à Nelson une sensation de vertige m'envahit, comme si je prenais un ascenseur qui m'emmène devant une porte dans le ciel. L'encadrement de cette porte est simplement magnifique, orné d'une multitude de fleurs blanches, créant une atmosphère céleste et apaisante. Lorsque la porte s'ouvre de l'autre côté, je découvre Nelson assis avec une présence calme et sereine.

Il me dit : "Tu sais, je t'attendais. Dis que je pense à Céline, Nathalie et Francis. Ici la vie est différente. Il n'y a pas d'espace-temps, le temps ne se mesure pas. Tout est lumière et paix." Nelson m'apparaît comme un être de lumière mais avec sa forme familière de chat. Je lui demande de m'emmener dans son univers.

Soudain Nelson se transforme, prenant l'apparence d'une petite fée, presque semblable à une luciole. Il virevolte au-dessus de moi puis m'entraîne dans ce voyage aérien avec lui, nous transportant dans un espace vaste, teinté de rose et de vert, d'une tranquillité éthérée. Aucun animal, aucun bruit ne trouble cette scène, créant une atmosphère paisible, hors du temps, où se déploie la féerie de cet instant.

Nelson me dit : "C'est un sas de transition. Lorsque les animaux meurent, ils viennent dans cet endroit pour se reposer : ils sont en grande transformation. Tu ne les vois pas mais ils sont là. Tu peux ressentir leur âme. Ils se reposent." Pendant quelques instants une vision éphémère me dévoile une multitude d'animaux avec leurs formes terrestres distinctes. Puis, soudainement, tout s'évanouit, laissant place au vide.

Nous franchissons une seconde porte, une porte majestueuse, presque d'origine naturelle, ornée de fleurs et de lierre. À cet endroit une profusion de lumière inonde l'espace. Je ressens la nécessité de me protéger car cette luminosité est éblouissante puis je me laisse envelopper par cette lumière, la connexion à la Source, la connexion à l'Amour.

Nelson se métamorphose alors en un majestueux cygne blanc et m'adresse ces mots : "Viens, je t'emmène. Monte sur moi." Progressivement, nous nous élevons dans les airs, créant une scène aussi captivante qu'envoûtante.

Il me dit : "Il y a plusieurs plans. En bas, au premier plan, cela ressemble à la Terre, de grandes plaines avec des arbres, des cours d'eau et des animaux. Selon l'évolution de ton âme, tu peux être en bas ou monter à un niveau de connexion réservé à ceux et celles qui sont plus élevés spirituellement. Dans ce second plan il n'y a plus de paysage."

Je vois d'immenses nuages duveteux qui s'étirent à perte de vue. Une atmosphère douce et vaporeuse semble envelopper cet espace, créant une scène céleste dénuée de repères terrestres.

Je lui demande : "Où sont les animaux ?"

Nelson me répond : "Ils sont ici mais pas sous la forme que tu connais. Ils sont invisibles à tes yeux. Tu peux les ressentir. Ils sont dans une paix intérieure, ils sont UNITÉ. Ils ne sont qu'UN, ils sont LUMIÈRE." Alors que j'écoute les paroles de Nelson, je réalise que je suis assise sur un nuage. Je peux lui parler mais je ne le vois plus. Je le ressens.

Je continue à lui poser des questions : "Nelson, peux-tu me décrire où tu te trouves actuellement ?"

Il me répond : "J'ai fait toutes les étapes que je t'ai montrées. Elles sont nécessaires mais j'ai évolué assez vite. Je suis là où nous nous trouvons."

"Que fais-tu ?"

"Rien ou plutôt tout. Je me nourris de lumière et j'envoie cette lumière à ceux que j'aime sur Terre : à ma famille humaine mais aussi pour que la paix, l'amour soient encore plus présents sur la Terre. Nous travaillons tous ensemble à cette tâche. Je suis une cellule d'un GRAND TOUT."

Puis il me dit : "Je vais te ramener à la première porte", et soudain, je me retrouve avec lui devant cette porte (Nelson a retrouvé son apparence de chat).

Ses mots sont pour sa famille : "Rassure Nathalie, Céline et Francis. Je suis dans leur cœur, je les aime" puis il s'adresse à moi une dernière fois : "Je t'aime aussi".

La porte se referme et je me retrouve de l'autre côté. Nelson est déjà reparti dans cet espace d'Amour et de Lumière.

C'est ainsi que se termine cette communication. La dernière que j'ai réalisée pour les animaux qui sont de l'autre côté. Je sais aujourd'hui où ils vont.

45. De Cœur à Cœur, Merci Frauke

Frauke, j'aimerais te dire merci pour tant de choses.

Merci de m'avoir accordé ta confiance dès notre première rencontre.

Merci d'être qui tu es, authentique, sincère et bienveillante. Ta capacité à garder ton cœur d'enfant est une source d'inspiration constante pour moi. Combien de fois t'ai-je fait des propositions pour des projets à entreprendre ensemble et, à chaque fois, tu m'as répondu avec enthousiasme et avec spontanéité : "On va le faire !" Cette joie qui te caractérise est contagieuse et rend chaque moment passé à tes côtés unique et précieux.

Merci pour ta sagesse infinie, qui m'a tant appris depuis notre rencontre, et pour ta patience inébranlable qui m'a permis de grandir et de m'épanouir à mon rythme.

Merci d'avoir étanché ma soif de réponses car je ne connaissais rien du tout mais voulais tellement savoir.

Merci pour ton écoute attentive, pour ta générosité de cœur qui se manifeste dans chaque geste et chaque conseil que tu offres.

Merci de m'avoir guidée vers le chemin de la sagesse du cœur, d'avoir rallumé l'étincelle divine.

Merci d'avoir dit "OUIIIIIIII, on va écrire un livre ensemble" avec tellement d'enthousiasme, car je souhaitais que la Méthode des 2 Points soit plus largement connue. C'est une méthode extraordinaire qui mérite d'être partagée.

Ce qui nous lie profondément, c'est notre approche commune de la vie. Nous partageons toutes deux une capacité à voir le monde avec des yeux émerveillés, à trouver la magie dans les petites choses du quotidien et à aborder les défis avec optimisme.

Merci de m'avoir fait découvrir l'instant présent, la gratitude et l'Amour véritable, celui qui se trouve à l'intérieur. Notre connexion va au-delà des simples échanges ou des projets partagés : elle repose sur une compréhension mutuelle et une complicité naturelle.

Tu incarnes à mes yeux le nouveau monde, un monde de partage, de paix et d'harmonie entre les êtres. En somme, j'aimerais te dire MERCI d'être une personne si "quantastique" ! Tu as été une source de guidance et de soutien inestimable pendant ces quatre années depuis que je te connais.

Ces années ont été si intenses que j'ai l'impression d'avoir vécu une vie entière. Notre rencontre m'a profondément bouleversée, provoquant une transformation qui s'apparente à une véritable renaissance. Grâce à toi, j'ai redécouvert des dimensions spirituelles et une sagesse intérieure qui ont changé mon horizon pour toujours.

Je me réjouis profondément à l'idée de continuer ce chemin avec toi pour les temps à venir et je suis fière d'appartenir à la grande famille de RESONANCE QUANTIQUE.

Avec toute ma gratitude
Sandrine

46. Les Bulles de Bien-Être à l'École

La pandémie du Covid-19 a profondément affecté mon métier de professeur de musique au collège. Dans un monde où les masques dissimulaient nos sourires et où la distance physique semait la confusion et la tristesse, j'ai été amenée à réinventer ma façon d'enseigner l'éducation musicale au collège. En effet les expressions faciales, essentielles pour communiquer les émotions et comprendre les sentiments des élèves, étaient masquées. Cette absence de communication non verbale a créé un sentiment de déconnexion et de distance entre élèves et enseignants. Les adolescents étaient tristes et confus et il devenait de plus en plus difficile de leur apporter le soutien dont ils avaient besoin. La distanciation émotionnelle s'est traduite par une diminution de l'attention en classe. Les élèves semblaient submergés par des peurs et des angoisses, ce qui a compromis leur capacité à se concentrer.

En octobre 2021 j'ai commencé à introduire une séance d'ancrage au début de chaque cours. L'ancrage offre un moment sacré où les adolescents se reconnectent à leur essence, à leur sérénité intérieure. De l'ancrage sont nées les "bulles de bien-être". Dans cet espace chaleureux, façonné à partir de l'espace du cœur, les élèves sont invités à embarquer dans un voyage imaginaire, guidés par ma voix et accompagnés par une musique douce et apaisante. Les récits que je partage sont élaborés pour captiver leur imagination et les transporter dans un monde de quiétude et de beauté. Ces bulles, tels des refuges intérieurs, leur offrent un sanctuaire de paix et de sécurité au milieu du tumulte du monde extérieur.

Ainsi l'ancrage et les bulles de bien-être se complètent harmonieusement, offrant à mes élèves une expérience immersive où la narration et l'éveil de leur écoute intérieure se conjuguent pour leur offrir un moment de détente et de ressourcement.

Mes récits, fruits de mes expériences passées et de mes rêves à venir, puisent leur inspiration dans les voyages, les animaux et les légendes. J'ai élaboré plusieurs histoires captivantes pour les ramener "ici et maintenant".

Parmi ces histoires envoûtantes, "Le Voyage d'Hiver avec les Chiens de Traîneaux" emporte les élèves sur les sentiers enneigés, bercés par le murmure du vent et la magie des étoiles.

"La Rencontre avec les Cerfs en Forêt en Automne" les plonge dans l'immensité de la nature, où la beauté des cerfs et la grâce des biches les enveloppent de tranquillité.

Dans "Les Eaux cristallines de Tahiti", les élèves s'émerveillent devant la beauté des récifs coralliens, et lors d'une "Rencontre magique avec les Baleines", les élèves sont captivés par la majesté de ces créatures marines, ressentant une connexion profonde avec la nature environnante.

En Camargue, ils galopent sur les chevaux sauvages avec émerveillement, éprouvant une sensation de liberté infinie sous le ciel ouvert.

Sous le charme envoûtant du "Concert des Bols tibétains", les élèves plongent dans un voyage sonore méditatif, où chaque vibration résonne en harmonie avec leur être intérieur, les transportant vers un état de calme et de sérénité profonde.

Dans "Le Regard de l'Aigle", l'élève s'envole dans les cieux, devenant lui-même un aigle. Du haut des airs, il contemple le monde avec un regard perçant, découvrant la liberté et la majesté de voler au-dessus des nuages.

Enfin, dans l'univers fantastique des "Bulles de Bien-Être", les élèves embarquent également dans des aventures extraordinaires : "La Rencontre avec le Dragon des Airs" les transporte dans les cieux, où ils sentent le vent caresser leur visage et ils admirent le paysage qui s'étend à perte de vue. Dans cette épopée aérienne, ils découvrent la liberté et la puissance de leurs propres rêves. Quant à "La Rencontre avec le Dragon des Mers", c'est une plongée dans les profondeurs des océans où les élèves explorent les merveilles cachées sous la surface.

J'ai pris soin d'enregistrer chaque histoire afin de les garder en mémoire et j'aimerais vous en partager quelques-unes telles qu'elles ont été écrites. Je guide les élèves puis ils imaginent la suite de l'histoire. À la fin du voyage, ils sont invités à partager leur ressenti s'ils le souhaitent. Ainsi le cours de musique peut débuter dans une atmosphère propice à une pleine écoute de tous leurs sens. Bon voyage à travers trois histoires...

Ancrage avant chaque bulle

"Installe-toi confortablement sur ta chaise, ferme les yeux et reviens dans ta respiration. Ressens les points de contact : tes pieds sur le sol, tes fesses sur la chaise, ton dos appuyé contre le dossier de la chaise. Imagine que nous formons tous un grand cercle, assis sur nos chaises. Mets ton attention sur tes deux pieds et imagine que tu as des racines qui sortent de tes pieds. Visualise-les, certaines vont se connecter aux autres racines des autres élèves et elles vont s'entrelacer pour ne former qu'une seule racine. Deux grandes racines descendent dans le centre, le noyau de la Terre, où il y a de la lumière et des couleurs flamboyantes. Tu peux mettre une couleur dans tes racines qui remontent en passant par tes pieds, tes genoux, ton bassin, ton ventre, ta poitrine, ton cou, ta tête et au-dessus de ta tête, où il y a une grande fleur qui s'ouvre. Puis je t'invite à aller dans l'espace de ton cœur, là où il y a la joie et la gratitude. Imagine un soleil dans ton cœur qui brille et ses rayons qui deviennent de plus en plus grands, rencontrant les rayons des cœurs des autres élèves, pour ne former qu'un seul soleil. Ressens-le dans ton corps. Je t'invite à créer une bulle à partir de l'espace sacré de ton cœur..."

Voyage d'hiver avec les chiens de traîneaux

"Dans cette bulle, tu vas partir en montagne. Tu imagines un grand espace enneigé où le soleil brille. En arrière-plan se dresse majestueusement le Mont Blanc. Imprègne-toi du silence... Devant toi se présente un chemin qui serpente entre les sapins. Tu marches sur ce chemin. Mets tous tes sens en éveil : Regarde autour de toi, écoute la nature, sois attentif à tout ce qui se présente à toi. Prends ton temps... Ressens la chaleur du soleil sur ton visage... Marche tranquillement... Puis tu entends des aboiements au loin. Tu t'approches et tu aperçois des chiens de traîneaux. C'est une invitation pour conduire un traîneau avec des chiens. Si tu le souhaites, tu peux aller les caresser, ressens ce moment... Les chiens ont envie de t'emmener en voyage... Observe les chiens, les traîneaux et tu vas t'installer confortablement à bord du traîneau que tu auras choisi. Regarde autour de toi... Ressens chaque instant et quand tu es prêt, prends les rênes de cet attelage et pars... Imagine la suite de ton voyage... Utilise tous tes sens de perception : regarde autour de toi, ressens les odeurs ; il y a des mots, des images qui peuvent venir, des émotions...

À un moment, tu t'aperçois qu'il est tard, la nuit tombe. Lève la tête et regarde les étoiles de toutes les couleurs. C'est comme un feu d'artifice dans le ciel. C'est l'heure de rentrer car ton voyage se termine. Tu descends de ton traîneau, tu remercies les chiens et quand tu veux, tu prends ton temps, tu reviens "ici et maintenant" en ouvrant tes yeux."

Rencontre avec les cerfs en forêt en automne

"Dans cette bulle, tu vas mettre une forêt. Imagine une allée immense, en sable. Elle est si longue cette allée que l'on ne peut pas en voir la fin. Elle est assez large pour marcher tranquillement. Cette forêt est un espace protégé pour les animaux qui y vivent. Tout en marchant, écoute les oiseaux, le vent entre les arbres, et regarde aussi les rayons du soleil qui percent petit à petit. Tu peux t'arrêter et observer les arbres : c'est l'automne. Regarde les feuilles qui sont tombées au sol, les couleurs harmonieuses... Puis, il est temps de sortir du sentier, de s'enfoncer davantage dans la forêt. Tout est calme, écoute bien, il y a un petit craquement de branche un peu plus loin... C'est un grand cerf. Il ne t'a pas vu. Il mange de l'herbe... Ce cerf est majestueux, c'est le roi de la forêt, il a de grands bois. Assieds-toi caché derrière un arbre, et profite de cet instant : observe-le... Écoute son chant, écoute le brame du cerf...

Plus loin, arrivent silencieusement les biches et leurs petits. Un spectacle magnifique s'offre à toi. C'est un moment privilégié avec ces animaux sauvages. Profite de ces instants... Que ressens-tu dans ton cœur ? Ouvre grand tes yeux, regarde... Puis c'est à toi de continuer l'histoire. Tu peux reprendre ce sentier ou continuer à marcher à travers bois. Ouvre tous tes canaux de perception : écoute, ressens, imagine... Puis tu reprends contact avec ton corps, bouges tes doigts, tes jambes... Et quand tu le ressens, ouvre tes yeux."

Dragons des océans, dragons des airs

"*Aujourd'hui, j'aimerais t'emmener dans un univers fantastique. À partir de l'espace de ton cœur, tu vas créer une bulle. Imagine-toi sur une île paradisiaque, entourée d'eau cristalline. Tu marches sur le sable chaud, le soleil brille dans le ciel et tu entends le clapotement des vagues. L'océan est de couleur turquoise. Observe, ouvre grand les yeux, ressens la chaleur du soleil, les odeurs de l'océan, écoute les oiseaux...*

Soudain, tu aperçois deux créatures incroyables : des dragons !

Il y a un dragon des océans, avec des écailles scintillantes, et un dragon des airs, aux ailes colorées. Ils t'invitent à un voyage extraordinaire ! Choisis celui qui te plaît le plus et monte sur son dos... Prépare-toi à vivre une aventure incroyable ! Si tu choisis le dragon des océans, tu plongeras dans les eaux profondes. Ressens le vent dans tes cheveux, l'eau fraîche sur ta peau et découvre les merveilles cachées sous la surface. Peut-être verras-tu des poissons de toute sortes ou des trésors perdus !

Quelles sont les sensations de chevaucher un dragon, de descendre très vite sous l'eau, qu'y a-t-il au fond de l'océan ? Ressens sur ton corps le contact de l'eau. Que vois-tu ?...

Si tu préfères le dragon des airs, tu t'envoleras haut dans le ciel. Sens le frisson de l'air, regarde les nuages passer et découvre des paysages époustouflants. Ressens dans ton corps... Quels mots te viennent ? C'est comment de voir le monde d'en haut ?

Quel que soit ton choix, profite de chaque instant de ce voyage magique. Savoure le moment présent.

Puis, quand tu seras prêt, demande à ton dragon de te ramener sur la plage, remercie-le pour cette incroyable aventure. Prends ton temps, prends conscience de ta respiration, bouge tes doigts, tes bras... Ouvre tes yeux et reviens "ici et maintenant". Rappelle-toi toujours de la magie qui existe dans le monde autour de toi et dans l'espace de ton cœur."

Ces moments magiques, où la narration devient un véritable rituel d'éveil de l'écoute intérieure et du bien-être, sont devenus des moments précieux pour mes élèves. À la fin de l'histoire, je leur demande si certains souhaitent partager leur voyage intérieur. Voici quelques témoignages :

"Je galopais sur un magnifique cheval blanc, je pouvais ressentir la vitesse, le vent sur mon visage, c'était grisant. Nous ne faisions qu'un. J'adore les chevaux mais je n'en ai jamais monté. Ici, j'avais l'impression que tout était réel. Je vais refaire cette bulle à la maison." Anaëlle, 12 ans.

"J'ai beaucoup aimé aller à Tahiti. J'ai pris conscience qu'il était possible de ressentir d'autres sens que nous n'utilisons pas dans notre vie quotidienne. J'ai ressenti la chaleur du soleil sur mon visage, le goût salé de l'océan et la sensation de nager. Tout cela sans bouger de ma chaise ! Merci !" Maël, 11 ans.

"Le concert de gong m'a fait beaucoup de bien. J'ai trouvé la musique apaisante et je me suis même endormie car je me suis imaginée couchée sur un matelas." Mélanie, 14 ans.

"Être un aigle et voler ! Je suis devenue aigle, j'ai expérimenté ce que c'est de voler et de voir le monde d'en haut : avoir un autre regard, un autre point de vue. C'était une magnifique expérience. Je recommencerai chez moi, dans ma chambre, une bulle de bien-être avec un autre animal."
Bastien, 12 ans.

Les résultats après plusieurs "bulles de bien-être" ont été fulgurants : des élèves plus présents, plus engagés, prêts à se plonger corps et âme dans chaque note, chaque mot, chaque émotion. Aujourd'hui ils réclament désormais l'ancrage et les bulles de bien-être dès qu'ils franchissent le seuil de la salle de musique, cherchant refuge dans ces instants de quiétude au milieu du tumulte quotidien. En tant qu'enseignante, je suis ravie de pouvoir leur offrir ce havre de paix, un espace où ils peuvent retrouver leur équilibre intérieur et leur force dans un monde souvent instable et incertain. Cela les reconnecte à l'espace de leur cœur, créant un climat propice à l'apprentissage.

Cependant, malgré ces moments magiques de connexion et de sérénité, mon métier de professeur de musique n'est pas exempt de défis et de difficultés. Il y a des classes où tout se passe bien, où les élèves sont réceptifs et enthousiastes, faisant de l'enseignement une expérience enrichissante. Mais je me trouve confrontée à d'autres classes plus difficiles, où les élèves arrivent sans envie de travailler, désintéressés, et ne veulent pas s'investir dans le cours. Parfois le ton monte et des tensions surgissent entre un ou plusieurs élèves et moi, créant un climat d'instabilité. Ces situations me font prendre conscience de mes propres limites.

Parfois je me sens incapable et impuissante, confrontée à mes propres peurs. Il est alors difficile de trouver des ponts pour renouer le dialogue et raviver l'intérêt des élèves. Ces moments sont d'autant plus délicats qu'ils agissent souvent comme un miroir, reflétant mes propres doutes. Malgré tout, j'essaie de trouver des solutions pour que le cours se passe au mieux. Chaque défi est pour moi une opportunité de me dépasser et de grandir en tant qu'enseignante.

Dans ces moments de défi, les élèves et moi avons aussi l'opportunité de grandir ensemble car les prises de conscience partagées sont précieuses. En persévérant ensemble et en cherchant constamment des moyens de communiquer et de comprendre leurs besoins, nous pouvons bâtir des relations plus solides et plus authentiques. Finalement ces expériences, bien que difficiles, enrichissent mon parcours professionnel et personnel. Elles me rappellent que l'enseignement est un chemin parsemé d'obstacles mais aussi de merveilleuses opportunités de transformation et de croissance, pour moi-même comme pour mes élèves.

Heureusement, les séances d'ancrage et les méditations sont généralement appréciées même dans les classes difficiles. Elles offrent un espace de détente qui aide à apaiser les esprits et à instaurer un climat plus serein. Dans des classes délicates, si certains élèves ne souhaitent pas participer, ils sont libres de ne pas le faire, à condition de ne pas déranger les autres. Cela permet à chacun de trouver son propre équilibre et de respecter le bien-être de ses camarades.

Malgré les difficultés rencontrées, j'aime transmettre ma passion pour la musique. Voir les élèves s'épanouir et découvrir leur propre amour pour la musique est une source de joie et de motivation constante. Les moments où nous partageons des prises de conscience, où nous nous comprenons mieux et où nous progressons ensemble sont ceux qui donnent un véritable sens à mon métier et renforcent la beauté de notre voyage commun.

47. Merci Sandrine, Merci de tout Cœur !!

Sandrine, quand je lis tes témoignages d'expérience, tes applications de la Méthode des 2 Points, tes visualisations pleines de fantaisie, je remarque à quel point tu as intégré la Méthode des 2 Points de manière unique et nouvelle pour toi-même. Tu me surprends toujours avec tes comparaisons géniales, tes intentions simples et ta manière ludique de faire les choses. Tu as transformé l'univers entier en un terrain de jeu et tu sautes entre les dimensions à ta guise. Parfois mon esprit critique veut intervenir et me faire croire que tu abordes les choses de manière trop naïve, trop arbitraire, et que tu te racontes des histoires colorées par ta propre imagination. Mais mes élans critiques s'estompent rapidement car tes résultats parlent d'eux-mêmes.

Chaque lecteur peut maintenant se poser la question, y compris moi-même : Que faut-il pour que le courant divin de guérison te traverse et agisse ?

Laissons la question ouverte…

Quand tu m'as parlé de ton projet des "bulles de bien-être" à l'école et de la façon dont tu vivais une forme de méditation, ou mieux, de "voyage guidé" avec les enfants, j'ai su que la Méthode des 2 Points pourrait bien, de notre vivant, pénétrer les murs poussiéreux de l'école. Merci pour ton ÊTRE, nous apprenons tous beaucoup de toi et les uns des autres. À cette occasion je voudrais partager un poème que j'avais écrit en allemand et qui m'est revenu à l'esprit. Chat GPT m'a aidé à trouver les rimes appropriées en français. À mon avis, "nous" avons plutôt bien réussi.

La Lumière Intérieure

Parfois je me perds dans le brouillard épais,
Cherchant la lumière dans un monde imparfait.
Les voix du doute murmurent en sourdine,
Que dehors se trouve ce que mon cœur décline.

Mais quand j'arrête de chercher en dehors,
Et que je plonge dans mon cœur encore et encore,
Je découvre un univers de force et de clarté,
Une source infinie de paix et de sérénité.

Les récits des autres peuvent nous inspirer,
Mais la vraie puissance de l'intérieur doit rayonner.
À travers les dimensions, nous dansons et jouons,
Créant des merveilles et des cœurs pleins de bénédiction.

Merci, chère Sandrine, pour ton doux sourire,
Pour ta sagesse tendre et tes récits qui nous attirent.
Avec toi, l'école devient un lieu enchanté,
Où chaque enfant apprend à se reconnecter.

Continuons de briller, de rêver et d'aimer,
Et à travers nos cœurs, la vérité révéler.
Dans ce grand jeu de la vie, soyons des artisans,
De lumière, de joie et de mercis bienveillants.

48. LUNI – Une Chenille qui ne voulait pas devenir Papillon – Élise

Nous pouvons également comprendre notre vie en observant les phases de la métamorphose de la chenille – à la chrysalide et au papillon. "Le papillon ne doit-il pas déployer toute sa force pour percer de ses ailes délicates (l'âme) cette carapace épaisse et rigide de la matière ?"

Je voudrais vous présenter Élise Pérardel, praticienne de la Méthode des 2 Points. Cette histoire et la première rencontre d'Élise avec la Méthode des 2 Points commencent par un miracle… Synchronicité ou hasard ? C'est un de ces événements qui, lorsqu'on l'entend pour la première fois, fait immédiatement surgir la question : "Ah oui, est-ce possible ?" Ce ne sera ni la première ni la dernière fois que des participants à mes séminaires viendront me voir par la suite pour raconter "leur histoire". Laissons Élise nous raconter ce qui s'est passé :

Printemps 2017 : Je ressens qu'une partie de moi n'est pas encore révélée. Bien que cette sensation soit floue, je me souviens clairement du sentiment d'être incomplète. Je décide alors de consulter quelqu'un qui pourrait peut-être m'aider à retrouver cette part de moi égarée. À ce moment-là, une médium, une messagère, croise mon chemin.

Avec cette intention en tête, je me rends à notre rendez-vous, souhaitant faire un pas vers moi-même, au-delà de l'identité que je m'étais construite. Qui suis-je réellement ? Après plusieurs messages éclairant mes zones d'ombre, un message particulier se distingue : "le point zéro, les deux points", dit-elle. Je ne comprends pas ce que cela signifie mais elle insiste sur le fait que c'est un message important pour moi. Elle m'encourage à découvrir de quoi il s'agit, affirmant que cette méthode m'aidera à transformer mes blocages.

Rapidement je trouve un lien avec la Méthode des 2 Points, m'inscris à un stage et découvre cette grande famille de cœur, ce monde du tout petit qui constitue le très grand. Cette méthode devient une évidence pour moi ; ce nouveau langage et surtout cette nouvelle vision reprogramment petit à petit un nouveau "moi" en constante transformation. J'ai repris les rênes de ma vie, choisissant à chaque instant ma direction, avec des intentions plus claires.

J'ai retrouvé cette part de moi perdue, sans doute la plus précieuse, celle qui est reliée à la conscience et au cœur. Je suis le soleil de ma vie. Un grand merci à Frauke.

Élise vous accueille au cœur du parc du Morvan, avec sa pratique de la Méthode des 2 Points et la proposition de "1.2.3 Soleil", pour vous accompagner sur votre chemin de transformation.

Tel : 0033 689 34 2149

Nous vous invitons à visionner une vidéo spéciale sur YouTube où Élise raconte elle-même l'histoire de LUNI, accompagnée des mêmes illustrations que celles du livre. Vous y découvrirez également un autre texte inspirant d'Élise. Cette vidéo[49] est une ressource précieuse pour tous, adultes comme enfants, et offre une belle occasion de réflexion et d'inspiration.

De LUNI – Une Chenille qui ne voulait pas devenir Papillon

Une histoire créée et illustrée par Élise Pérardel

---

49 Vidéo d'Élise : https://vimeo.com/656244537/a3a840a64b
Noël 2021 Une Chenille qui ne voulait pas devenir Papillon.

*Il faut qu'un voile de conscience se lève pour se rendre
compte qu'il est temps de changer quelque chose
à l'intérieur de soi.*

Et ensuite le courage d'aborder cela.

*C'est en pratiquant la Méthode des 2 Points
que je peux transformer ma tension intérieure.
En mettant mon attention dans les mains
et dans l'espace du cœur.*

*Clarifier mon intention,
c'est laisser la place au champ des possibles.
Tel un rythme à trois temps.
Telle une danse invisible,
qui se révèle dans le visible…*

Luni allait de feuilles de mûrier
en feuilles de mûrier,
jusqu'au jour où,
Comme une évidence il se dit :
— Non !! Je ne serai pas Papillon,
A quoi bon !!
Je veux faire l'expérience
de cette forme !!
Luni vers que je suis.

Mais ! Si je ne grignotte plus toute la journée,
Qu'est ce que je vais faire ?

Il se mit à observer les autres vers à soie et au fil du temps, son esprit se tissa. Sa mission d'origine était de fabriquer du fil, ainsi concevoir son cocon et devenir papillon, pondre des larves et ainsi de suite. Jusqu'au moment où l'homme a utilisé son fil pour faire des vêtements de grande qualité, pour les plus aisés.

Il ne s'était jamais posé la question
La concience ordinaire veut que
les vers ne pensent pas...
Alors il grignotait sans se préoccuper
du pourquoi !
Mais il semblerait que la conscience
évolue et que maintenant on reconnait
que toute vie telle qu'elle soit à sa
conscience.
"Et peut-être même que celle-ci
n'en forme qu'une".

Au fil de sa réflexion
il réalisa que sa production
ne servait pas juste à faire son cocon
et qu'en plus
il ne voulait plus devenir papillon.
Alors à quoi bon !!
Si sa raison de vivre n'était plus en lien
avec l'extérieur de lui et sa transformation physique
Comment allait-il trouver un sens à sa vie?

Une chose est sûre se dit-il !

Je veux vivre l'expérience de la vie,
Sans but à Atteindre !

Je veux vibrer ce que je choisis d'être,
feuille après feuille, au gré des saisons!
J'Accepte que mon fil soit utilisé
par les humains et de tout mon cœur
je vais le fabriquer. Brillant il sera
comme un fil de lumière. Robuste
il sera parce que je suis dans la joie.
Depuis ce jour il goûta la présence de
chaque seconde. Très vite ses
interrogations n'avaient plus lieu d'être,
Il savait...

Son Amour grandissait et malgré ses choix, c'est comme si ses ailes se déployaient, comme si il se transformait. Très vite il n'eu plus besoin de manger autant. Il contemplait la nature, sa nature et ça le nourrissait. Il se rendait bien compte que ses peurs s'éffaçaient devant cet amour qui rayonnait. Il compris... décida consciemment de devenir papillon, goûter à l'amour, vivre pleinement et expliquer sa transformation.

49. Notre Peur la plus profonde est que nous sommes puissants au-delà de toute Limite

Dans le livre "Les Impossibles Possibles", nous nous adressons à la force du cœur et à notre héritage divin. En explorant et en embrassant pleinement ces aspects de notre être, nous découvrons des possibilités infinies et ouvrons la voie à des réalisations extraordinaires.

Le texte ci-dessous figure parmi les plus célèbres lorsqu'il s'agit de reconnaître notre propre grandeur. Écrit par Marianne Williamson[50], il commence par les mots "Notre peur la plus profonde..." Il est, à tort, souvent attribué à Nelson Mandela, qui l'a cité dans son discours d'investiture en tant que premier Président noir d'Afrique du Sud.

"Notre peur la plus profonde n'est pas que nous ne soyons pas à la hauteur.

Notre peur la plus profonde est que nous sommes puissants au-delà de toute limite.

C'est notre propre lumière et non pas notre obscurité qui nous effraie le plus.

Nous nous posons la question : "Qui suis-je, moi, pour être brillant, radieux, talentueux et merveilleux ?"

En fait, qui êtes-vous pour ne pas l'être ?

---

[50] Marianne Deborah Williamson (née le 8 juillet 1952 à Houston, Texas) est une enseignante spirituelle, auteure, entrepreneure, militante et femme politique américaine. Elle a publié douze livres, dont plusieurs sont devenus des best-sellers.

Vous êtes un enfant de Dieu. Vous restreindre, vivre petit ne rend pas service au monde.

L'illumination n'est pas de vous rétrécir pour éviter d'insécuriser les autres.

Nous sommes tous appelés à briller, comme les enfants le font.

Nous sommes nés pour rendre manifeste la gloire de Dieu qui est en nous.

Elle ne se trouve pas seulement chez quelques élus : elle est en chacun de nous, et au fur et à mesure que nous laissons briller notre propre lumière, nous donnons inconsciemment aux autres la permission de faire de même.

En nous libérant de notre propre peur, notre présence libère automatiquement les autres."

50. Éclairer les Mystères des Biophotons : Une Exploration de la Vie et de la Lumière

Les biophotons sont un phénomène fascinant qui offre des perspectives infinies sur l'énergie subtile de la vie. Les recherches de Fritz-Albert Popp et de son fils Alexander Popp ont joué un rôle essentiel dans l'élargissement de notre compréhension des biophotons et de leur rôle dans l'organisme. Cette émission de lumière faible mais mesurable provient de l'activité biologique à l'intérieur des cellules et reflète leur état et leur fonctionnement. À la différence de la lumière artificielle produite par nos lampes, les biophotons proviennent de réactions biochimiques dans le corps, qui se déroulent au niveau moléculaire.

Une caractéristique remarquable des biophotons est leur cohérence, c'est-à-dire la constance des longueurs d'onde et des phases de la lumière émise. Cette cohérence suggère que les processus biologiques qui génèrent les biophotons se produisent de manière coordonnée et présentent une forme d'ordre et de synchronisation dans l'organisme. Elle est donc essentielle pour une communication cellulaire efficace ainsi que pour la coordination des processus cellulaires.

Homéostasie et Biophotons

Un autre aspect important dans ce contexte est l'homéostasie. L'homéostasie est un terme utilisé en biologie pour décrire la capacité d'un organisme à maintenir un état interne stable malgré les changements externes. Cela inclut la régulation de la température corporelle, de l'équilibre hydrique, des niveaux de glucose dans le sang et d'autres paramètres physiologiques essentiels. En d'autres termes, l'homéostasie est le mécanisme par lequel le corps garde ses conditions internes constantes pour fonctionner de manière optimale.

C'est comme un thermostat qui ajuste le chauffage ou la climatisation pour maintenir une température constante dans une maison, mais appliqué au corps humain et à ses processus vitaux.

La connexion entre l'homéostasie et les biophotons découle de leur rôle commun dans le maintien de l'équilibre interne et de la communication au sein du corps. Voici quelques exemples :

Communication et régulation cellulaire : Les biophotons jouent un rôle dans la communication cellulaire en transmettant des informations sur l'état des cellules. Cette communication est essentielle pour la coordination des processus biologiques nécessaires au maintien de l'homéostasie.

Mécanismes de rétroaction : L'émission de biophotons fait partie d'un mécanisme de rétroaction par lequel les cellules synchronisent leurs activités et réagissent aux changements de leur environnement. Cela contribue à stabiliser le milieu interne.

État énergétique : L'état énergétique des cellules, reflété par les biophotons, peut indiquer dans quelle mesure l'organisme est capable de réguler les processus homéostatiques. Des perturbations dans l'émission de biophotons pourraient indiquer une homéostasie perturbée.

Processus de guérison : Des études ont montré que des changements dans l'émission de biophotons sont associés aux processus de guérison et aux activités régénératrices dans le corps. Étant donné que la guérison et la régénération sont des aspects importants de l'homéostasie, cela montre une autre connexion entre ces deux processus.

La mention de l'homéostasie et des biophotons dans le même contexte découle de leur importance commune pour la compréhension des dynamiques internes et du fonctionnement des organismes vivants. Les biophotons pourraient être considérés comme un médium à travers lequel sont transmises des informations nécessaires au maintien de l'homéostasie. L'interaction de ces deux phénomènes est un domaine de recherche fascinant qui offre une compréhension plus profonde des processus fondamentaux de la vie.

Aliments riches en biophotons

Les aliments riches en biophotons peuvent aider le corps à soutenir ses processus énergétiques et curatifs. Ces aliments sont généralement frais, non transformés et biologiques. Voici quelques exemples :

Fruits et légumes frais : En particulier les légumes verts à feuilles, les carottes, les baies et les agrumes.

Graines germées : Ces jeunes pousses sont pleines de nutriments vitaux et de biophotons.

Herbes et épices : Des herbes fraîches comme le basilic, le persil, la coriandre, le gingembre...

Noix et graines : Surtout les variétés crues, non grillées, comme les amandes, les noix, les graines de chia...

Eau de source fraîche : L'eau pure, donc vivante, est fondamentale pour un corps vital.

Aliments bio-fermentés : Des aliments tels que la choucroute, le kimchi, le kombucha et les produits laitiers fermentés comme le yaourt et le kéfir peuvent favoriser un microbiote intestinal sain et soutenir le flux d'énergie dans le corps.

En consommant ces aliments, on peut augmenter la concentration de biophotons dans le corps, ce qui soutient l'homéostasie et favorise le bien-être général.

La longueur ou échelle de Planck et les sauts quantiques cohérents de la vie

La longueur de Planck désigne la plus petite unité mesurable de l'espace-temps, limite à partir de laquelle les concepts classiques gravitationnels d'espace et de temps ne sont plus applicables. Au-delà de cette limite, sur l'échelle de Planck, dominent les lois de la mécanique quantique. La longueur de Planck marque le point où la cohérence originelle – LA VIE MÊME – offre les conditions préalables à la création : de l'océan de photons non spécifiques, l'énergie libre, naît une "création orientée"- *l'intention !* – grâce aux biophotons ! Un premier pas vers notre dimension de l'espace et du temps a commencé. L'effondrement de la fonction d'onde vers l'IN-FORMATION commence, avec la formation de structures telles que les spirales et les vortex qui entraînent à leur tour l'émergence des géométries platoniciennes.

Les Sauts quantiques cohérents et leur rôle dans la vie

Les recherches de Fritz-Albert Popp ont montré que les biophotons sont émis par le biais de sauts quantiques qui sont corrélés avec des événements cellulaires spécifiques. Ces sauts quantiques sont le résultat de transitions électroniques dans les molécules à l'intérieur des cellules et reflètent les états énergétiques et les réactions de la cellule. La cohérence de ces biophotons permet des interactions à la vitesse de la lumière ainsi qu'une communication et une régulation cellulaire précises et efficaces.

La Puissance des Biophotons et des Émotions Positives

Les biophotons ne sont pas uniquement produits par l'activité biologique des cellules ou par la consommation d'aliments vivants. Des états émotionnels positifs tels que l'amour, la joie, et la gratitude jouent également un rôle essentiel dans la génération de cette énergie lumineuse. Lorsqu'une personne ressent de l'amour ou se trouve dans un état amoureux, le champ énergétique de son cœur se renforce et peut produire une lumière intérieure qui illumine littéralement sa vie.

Cette idée, à savoir que la lumière est un élément fondamental de la vie, trouve également un écho dans l'alchimie, le soufisme etc., où la lumière symbolise la connaissance, la transformation et la croissance spirituelle.

Voici quelques exemples :

L'alchimie : Tradition ancienne qui vise la transformation spirituelle et matérielle, symbolisée par la transmutation du plomb en or.

Le soufisme : Branche mystique de l'Islam qui se concentre sur la purification de l'âme et la quête de l'union avec le Divin.

Le taoïsme : Tradition chinoise qui met l'accent sur l'harmonie avec le Tao, l'équilibre des énergies yin et yang, et la recherche de l'immortalité spirituelle.

La Kabbale : Tradition ésotérique du judaïsme qui explore les aspects cachés de la Torah et la nature de Dieu et de l'univers.

Le gnosticisme : Tradition spirituelle qui met l'accent sur la connaissance directe et intuitive (*gnose/gnosis*) de la vérité divine, souvent cachée aux perceptions ordinaires.

L'hermétisme : Système de pensée ésotérique basé sur les écrits attribués à Hermès Trismégiste, combinant alchimie, astrologie et théurgie.

Le chamanisme : Pratique spirituelle ancestrale qui implique des voyages spirituels et des interactions avec le monde des esprits pour guérir et obtenir des connaissances.

Le bouddhisme : Religion et philosophie fondée sur les enseignements de Siddhartha Gautama, connu sous le nom de Bouddha. Le bouddhisme met l'accent sur la pratique de l'éthique, de la méditation, de la compassion et de la sagesse.

L'anthroposophie : Philosophie spirituelle fondée par Rudolf Steiner, appliquée à l'éducation, l'agriculture et la médecine, sur le rôle et la place de l'homme en relation avec son environnement naturel.

Tout comme un laser qui concentre et amplifie l'énergie lumineuse, notre conscience peut également soutenir les processus énergétiques dans le corps grâce à certaines intentions et pratiques.

Qu'est-ce que la cohérence et quel est le lien avec la Méthode des 2 Points ?

La cohérence fait référence à la propriété des ondes – dans ce cas, des ondes lumineuses – où les relations de phase restent constantes. Pour les biophotons, la cohérence signifie que les ondes lumineuses sont synchronisées et émises de manière ordonnée. Cela conduit à une transmission d'informations efficace dans et entre les cellules. Le champ de résonance divine dans notre propre cœur est une pure cohérence.

Dès l'instant où nous agissons et interagissons à partir du champ de notre cœur, tout est ramené à son ordre originel.

C'est si simple à comprendre et souvent si difficile à expliquer. Les enfants ont cette capacité naturelle d'imaginer, de créer, de jouer, et oui, notre chère Sandrine puise justement dans cette force de croyance enfantine où, dans son monde, les choses deviennent possibles, alors que l'intellect humain rationnel a du mal à comprendre comment cette Conscience Quantique peut fonctionner de cette manière.

La Méthode des 2 Points, une technique issue du domaine de la guérison quantique, s'appuie sur ce concept de cohérence pour favoriser à la fois la transformation et la guérison. Dans cette méthode, nous nous concentrons sur deux points du corps ; nous utilisons les mains, dans lesquelles nous entrelaçons des champs d'information (le sujet/thème/la question dans une main – l'intention/la solution dans l'autre). Un troisième point, le plus important, est le cœur, qui vibre dans la joie et la gratitude : "Tout est déjà là, tout est déjà réalisé" dans le champ des possibilités quantiques. C'est dans le cœur et à partir de cette source divine originelle que la cohérence, cette structure ordonnée de lignes de force, est générée, et c'est ainsi que naissent les biophotons ! C'est la création et l'action à partir de l'essence originelle. C'est la VIE elle-même. Dans ce champ de force, les programmes erronés sont effacés, les croyances sont transformées, les blocages sont dissous, l'équilibre est rétabli et les forces d'autoguérison sont activées.

Pendant le processus de la Méthode des 2 Points, un "rayon laser" émane du cœur, ou mieux encore, d'un cœur à l'autre, pour transmettre les informations de manière amplifiée. Rappelez-vous ce que nous avons dit à propos du "pont de lumière". Des recherches scientifiques ont mis en évidence que l'amplitude de la force magnétique du cœur peut dépasser jusqu'à 5000 fois celle de notre cerveau. Ces découvertes résonnent profondément avec les enseignements de Gregg Braden[51] dans sa conférence et son livre "La Divine Matrice", où il explore le pouvoir du cœur en tant que centre de cohérence et de connexion avec la réalité. Braden démontre que le cœur humain agit comme un émetteur de fréquences qui influence directement notre expérience et notre réalité. Ainsi, lorsque nous activons le rayon laser du cœur − là où toute vie commence − pendant le processus de la Méthode des 2 Points, nous accédons à une source de pouvoir personnel et de transformation profonde, capable d'influencer significativement notre vie et notre bien-être.

De plus, les recherches du *HeartMath Institute*[52] sur la cohérence cardiaque soulignent l'importance de l'alignement du cœur pour la santé physique, mentale et émotionnelle. Lorsque le cœur est en cohérence, il émet des signaux électromagnétiques harmonieux qui favorisent un état de bien-être global, connu sous le nom de "cohérence cardiaque". En combinant les enseignements de Gregg Braden et les découvertes du *HeartMath Institute*, nous comprenons mieux le potentiel du cœur en tant que centre de pouvoir et de guérison, et l'importance d'entretenir la cohérence cardiaque pour notre équilibre et notre épanouissement.

De même, la concentration sur nos mains et sur l'espace entre les mains génère une forme de cohérence. VOTRE CONSCIENCE EST-ELLE PRÉSENTE À DEUX ENDROITS (les deux mains) EN MÊME TEMPS ?! BINGO ! Ainsi, les deux objets, événements, etc., intriqués dans chaque main sont entrelacés, dirigés de la même manière, simultanément.

---

51 **Gregg Braden** *(né en 1954). Géologue et informaticien américain, premier directeur de l'exploitation Cisco Systems, il se tourne vers les questions spirituelles et l'étude des cultures anciennes dans les années 1990 et allie science et spiritualité. Il collabore notamment avec le HeartMath Institute, Nassim Haramein, Bruce Lipton... Site web (en anglais) : https://greggbraden.com/author/ssawbraden/*
52 *https://www.heartmath.org/heart-coherence/*

Faisons une expérience fascinante : Ressentons et voyons la lumière émanant non seulement de nos paumes mais aussi de l'extrémité de nos doigts. Nous avons tous entendu parler des gestes simples de guérison par imposition des mains. Lorsque nous imaginons cela avec une confiance inébranlable du cœur, nous insufflons force et direction à nos intentions. Puis nos mains émettent une lumière cohérente ! Notre conscience donnera ensuite des instructions de réunification ordonnée aux champs d'information séparés "QUESTION – RÉPONSE". Je n'ai jamais expliqué la Méthode des 2 Points de cette manière Ah ! – Génial ! LA LUMIÈRE COHÉRENTE EST LA VIE MÊME – SANS OBSTACLE

La notion que la lumière laser transporte rapidement des informations d'un point à un autre est devenue courante dans notre vie quotidienne sur le plan technologique. Voici quelques exemples qui devraient vous être familiers :

Technologie de communication : Les réseaux de fibres optiques utilisent la lumière laser pour transmettre des données sur de longues distances avec une bande passante et une vitesse élevée. Par exemple, les câbles à fibres optiques sont utilisés dans les réseaux de télécommunications pour transmettre des signaux Internet, téléphoniques et télévisuels.

Imagerie médicale : Dans le domaine de l'imagerie médicale, les lasers sont utilisés dans des appareils tels que les scanners laser et les tomographes laser pour produire des images haute résolution de tissus et d'organes. Cela permet des diagnostics et des traitements précis dans tous les domaines de la médecine.

Traitements au Laser : La technologie laser est utilisée pour des traitements ciblés dans des domaines médicaux tels que l'ophtalmologie et la dentisterie, permettant des interventions précises avec des temps de récupération réduits. Par exemple, les chirurgies réfractives corrigent la vision en remodelant la cornée et les lasers dentaires traitent les caries avec moins de douleur. Les lasers sont aussi utilisés en dermatologie pour traiter cicatrices et tatouages ainsi qu'en oncologie pour cibler les cellules cancéreuses.

Imprimantes laser : Les imprimantes laser utilisent la lumière laser pour créer des charges électrostatiques sur un tambour photosensible et ainsi transférer des images ou du texte sur du papier.

Télémètre laser : Les télémètres laser utilisent la lumière laser pour mesurer la distance entre l'appareil et un objet cible. Ces appareils sont utilisés pour la topographie, la construction, l'architecture et la photographie.

Face à la rapidité de l'évolution technologique et à l'automatisation croissante, il est indispensable que les individus retrouvent leurs capacités naturelles à transmettre des informations à tous les niveaux. Dans le cas contraire, les machines et les influences extérieures risquent de prendre encore plus le dessus, mettant ainsi en péril l'autonomie et la liberté individuelles. Le retour à nos capacités innées (physiques, émotionnelles, spirituelles etc.) est décisif pour préserver cette autonomie. Pour cela, il suffit de faire preuve de discernement et de vigilance, d'une présence consciente et de comprendre comment et quand formuler des intentions. Bienvenue dans l'ère de la CONSCIENCE QUANTIQUE !

51. "Siddhartha" de Hermann Hesse

Oooh, quelle belle réalisation s'ouvre à moi... Comme je vous le recommande à tous, si vous trouvez le temps de le faire... Écoutez ce livre audio de "Siddhartha" de Hermann Hesse. Cela fait tout simplement du bien d'entendre ces mots...

Livre audio vidéo : "Siddhartha" de Hermann Hesse
https://www.youtube.com/watch?v=50h-D8t9Fbs

Dans "Siddharta", le protagoniste explore les profondeurs de l'existence à la recherche de la vérité ultime. Son voyage rappelle la quête de compréhension profonde qui sous-tend à la fois la Méthode des 2 Points et la sagesse des anciens enseignements.

Siddhartha se heurte à la dualité de la vie, une dualité qui trouve un écho dans les principes de la Méthode des 2 Points, où la lumière et l'ombre coexistent dans un équilibre dynamique. Cette dualité est également une caractéristique fondamentale de la théorie quantique, où la lumière peut se comporter à la fois comme des ondes et comme des particules, un concept difficile à saisir mais qui reflète la nature paradoxale de l'existence.

Dans les enseignements ésotériques, il est fréquemment fait référence à un principe fondamental, souvent désigné comme le "Tout" ou le "Point Zéro". C'est l'état primordial d'où émerge toute manifestation, une idée qui résonne avec la compréhension quantique du champ unifié, le champ où toutes les énergies et toutes les possibilités existent en potentiel.

La Méthode des 2 Points vise à accéder à cette dimension profonde de l'existence, à se connecter à la source de toute création, au-delà des limites de l'ego et de la dualité. C'est un processus d'alignement avec l'essence même de l'être, où la lumière de la conscience illumine les zones d'ombre et permet une guérison holistique.

Dans "Siddhartha", le protagoniste reconnaît finalement l'unité de toutes choses, une réalisation qui transcende les concepts conventionnels de bien et de mal, de lumière et d'ombre. De même, la Méthode des 2 Points invite à une compréhension plus profonde de l'interconnectivité de toute vie, où chaque individu, chaque fétu de paille, chaque pierre, chaque goût, chaque couleur, chaque être est une expression unique de la conscience universelle – une création divine.

En réunissant les enseignements de Siddhartha, la Méthode des 2 Points et les principes de la physique quantique, nous découvrons une vision holistique de l'existence, où la conscience éclaire le chemin vers la réalisation de soi et l'harmonie avec le cosmos. C'est un voyage vers la compréhension ultime, où la lumière de la vérité dissipe les ténèbres de l'ignorance et où l'âme s'élève pour embrasser la plénitude de l'être.

L'objectif est de transcender l'illusion de la séparation et de reconnaître l'unité de tous les êtres. Par la connaissance de soi, le dévouement et la quête de la vérité intérieure, chacun peut connaître une transformation spirituelle profonde et s'éveiller à sa véritable nature divine en tant que créateur et co-créateur.

Pourtant ce chemin n'est pas sans défis car nous sommes souvent confrontés à des obstacles, notamment sous forme d'énergies étrangères et perturbatrices. Comprendre comment chaque mot peut devenir un pouvoir de création nous aide à naviguer à travers ces difficultés et à les surmonter, en permettant au Créateur de se manifester à travers nous

52. L'élimination des Énergies Étrangères du Corps : une Perspective Holistique

Dans notre voyage de guérison et de croissance spirituelle, nous rencontrons parfois des énergies étrangères qui peuvent perturber notre bien-être. Ces énergies peuvent prendre de nombreuses formes et provenir de diverses sources. Elles peuvent être transgénérationnelles, karmiques, issues de vies parallèles ou antérieures, culturelles ou cosmiques.

Implants : Des dispositifs énergétiques tels que des puces ou des cristaux, parfois projetés par des intelligences artificielles sous forme d'hologrammes.

Champs subtils des défunts : Les énergies résiduelles de personnes décédées, souvent liées à des attachements émotionnels non résolus.

Parasites énergétiques : Des entités énergétiques qui se nourrissent de notre énergie vitale.

Énergies de pensées négatives : Des pensées et émotions négatives, que ce soit les nôtres ou celles absorbées de notre environnement.

Cordes ou liens énergétiques : Des liens énergétiques avec d'autres personnes ou lieux qui ne nous sont plus bénéfiques.

Possessions énergétiques : Des entités ou énergies intrusives qui influencent nos pensées et comportements.

Champs énergétiques traumatiques : Les résidus énergétiques de traumatismes passés, stockés dans notre champ énergétique.

Énergies de malédictions ou vœux : Des malédictions ou vœux anciens qui continuent d'affecter notre énergie.

L'art d'éliminer les énergies étrangères du corps est une pratique importante dans de nombreuses traditions spirituelles et méthodes de guérison à travers le monde. Il vise à éliminer les énergies négatives ou indésirables du champ énergétique d'un individu afin de rétablir son bien-être et son équilibre spirituel. Pour les enseignants et praticiens de la Méthode des 2 Points chez RESONANCE QUANTIQUE, l'élimination des énergies étrangères est un élément central dans la pratique quotidienne.

Équilibrer le Corps Énergétique : La Méthode des 2 Points en Action

Les énergies étrangères se manifestent de multiples façons, des pensées négatives aux expériences traumatisantes en passant par les liens énergétiques avec d'autres personnes, des entités ou des lieux. Elles peuvent bloquer la croissance personnelle, provoquer une instabilité émotionnelle et nuire au bien-être général. Cependant, avec la puissance des mots, formulés en tant qu'intention et directive dans le champ quantique, nous pouvons transformer ces énergies. La Méthode des 2 Points utilise cette force du verbe en se connectant à la Source divine.

La diversité des pratiques spirituelles

Différentes méthodes et techniques sont utilisées pour éliminer les énergies étrangères du corps. Il s'agit notamment de la prière, de la méditation, de la visualisation, des rituels et des techniques de purification énergétique comme la fumigation ou les bains de sel. Chaque méthode a ses avantages et ses inconvénients et peut être choisie en fonction des besoins et des convictions de chacun. La Méthode des 2 Points est basée sur la force et le pouvoir de l'intelligence du cœur ainsi que sur une vision et une perception intérieure. Grâce aux intentions émises par la force du cœur, les énergies étrangères peuvent être localisées et identifiées puis dissoutes ou éliminées du corps ainsi que du champ énergétique de la personne. Quand c'est possible, cette énergie bloquée est à nouveau transformée en énergie libre afin qu'elle soit disponible pour des processus vitaux et de nouvelles créations.

Intégrer Méthode et Spiritualité

L'élimination des énergies étrangères n'est pas seulement une méthode mais aussi un acte spirituel d'auto-soin et d'auto-guérison. En travaillant avec la Méthode des 2 Points, nous pouvons établir une connexion profonde avec notre source intérieure de guérison et d'harmonie pour libérer doucement les énergies étrangères et faire briller la lumière du Soi – la Lumière de la SOURCE même.

L'importance de l'équilibre énergétique

Un équilibre énergétique harmonieux est essentiel pour le bien-être personnel et le développement spirituel. En éliminant les énergies étrangères, nous créons de l'espace pour la guérison, l'épanouissement personnel et la réalisation de notre plein potentiel. La Méthode des 2 Points invite à puiser dans sa propre lumière issue de la SOURCE originelle et à s'enraciner dans un état d'unité.

53. Mots d'encouragement pour un nouveau départ

Dans cet ouvrage, nous avons voyagé à travers les sphères de la Philosophie Quantique et de la Spiritualité. Nous avons exploré les possibilités fascinantes qui se déploient dans un univers rempli de mécanismes insoupçonnés. Les découvertes de la physique quantique nous ont montré que l'univers est bien plus complexe et mystérieux que nous ne l'avions imaginé. Des particules minuscules aux vastes étendues du cosmos, un monde de merveilles et de potentiel s'offre à nous.

Au cours de notre voyage, nous avons rencontré des voix sceptiques remettant en question le lien entre la physique quantique et la conscience humaine. Nous avons également trouvé ceux qui sont prêts à repousser les limites de la pensée et à explorer les innombrables variantes de la conscience que nous offre le monde quantique. La Méthode des 2 Points s'est révélée être un outil puissant pour explorer et utiliser cette connexion entre la conscience et la réalité. Grâce à elle, nous pouvons plonger plus profondément dans notre propre nature divine et révéler le potentiel qui sommeille en chacun de nous.

Dans ce livre, nous avons également exploré la communication entre les règnes de la nature : humain, animal, végétal et minéral, car c'est un élément essentiel de notre aventure. Avec le texte de Marianne Williamson, nous nous rappelons que notre plus grande peur réside non pas dans notre insuffisance mais dans notre pouvoir illimité. Ces mots nous révèlent que notre destin est de nous connaître nous-mêmes. Ils nous rappellent de briller et d'inspirer les autres à faire de même. En surmontant notre propre peur, non seulement nous nous libérons mais nous libérons aussi les autres de leurs chaînes et les encourageons à accepter leur véritable grandeur.

Reconnaissons donc notre propre éclat, surmontons nos peurs et avançons ensemble vers un avenir plein de possibilités. Puisse ce livre être une source d'inspiration et de motivation pour tous ceux qui ont le courage de repousser les limites de la pensée actuelle, de se connecter à la sagesse du cœur et d'avancer avec détermination. Ce sont les mots de l'Oracle de Delphes, transmis par Socrate : "Connais-toi toi-même."

54. Ensemble dans le Sanctuaire du Cœur

Lors de mes travaux de rédaction et de composition de ce livre, entrepris dans la joie et la gratitude avec la collaboration engagée de Sandrine, Élise, Anémone, Giovanni, Corinne et les autres fées et lutins quantiques de RESONANCE QUANTIQUE (nom de notre plateforme), j'ai retrouvé un texte que j'avais écrit alors que je séjournais régulièrement dans le sud de la France. Je l'avais rédigé à l'attention des fées quantiques nouvellement formées et de mes amis dans la région. J'ai envie de le partager avec vous

"Merci pour les moments infiniment beaux que j'ai pu passer ici dans le sud de la France avec vous. Au cours des trois derniers mois j'ai eu la chance et le grand bonheur de retrouver des amis, de marcher ensemble, de rire, de manger de bons petits plats, de découvrir de nouveaux univers et d'échanger – oui, tout simplement de vivre ensemble, de sentir l'autre. Merci pour votre dévouement, vos sourires, votre espoir et votre amour. Ensemble, nous traversons cette période de grande transformation. Une transformation qui s'opère dans nos cœurs. Une transformation où tu deviens une partie de moi, où je deviens une partie de toi. Une transformation où les projections à l'extérieur se dissolvent pour devenir des parties intégrées de soi-même.

Merci d'exister – VOUS – TOI, étincelles de l'Esprit Divin. Je reste encore quelques semaines car le merveilleux séminaire de Souleyourte nous attend encore, avant que je ne rentre en Allemagne. En fait je ne connais pas le mal du pays. J'ai toujours beaucoup voyagé dans le monde sans avoir le mal du pays. Mais quitter le sud de la France, ça me fait déjà bizarre. J'aimerais bien vivre ici avec vous, cultiver ou créer un jardin en permaculture. Mais où est cet endroit ? Existe-t-il pour moi ? Connais-tu cet endroit ? Peux-tu me donner un conseil ? Ou est-ce que ce n'est qu'un rêve que je fais ? Est-ce que la vie a prévu autre chose pour moi ? – ce qui serait bien. Alors je demande à la VIE : "Où veux-tu que mon être agisse et vive et que mes mains touchent d'autres mains ?" Mon cœur n'a pas de lieu – la lumière dans mon cœur ne connaît que le TOUT... Et c'est peut-être pour cela – que je ne trouve pas de lieu fixe où habiter... pour mon corps... la seule vraie place se trouve toujours au centre du corps – dans mon cœur.

J'accepte donc cette douleur de ne pas pouvoir trouver de lieu de repos dans ce monde extérieur, et je fais confiance et me rappelle toujours de plonger dans le lieu silencieux de mon propre cœur, là où tout naît et disparaît. Ce qui EST et reste est invisible et toujours là.

De cœur à cœur, Frauke"

Encore merci pour votre enthousiasme et votre créativité, pour la façon dont vous avez fait briller votre lumière unique dans le monde. Je tiens à exprimer ma profonde gratitude à tous les contributeurs de l'équipe ainsi qu'à tous les praticiens dans le champ de RESONANCE QUANTIQUE.

55. Un immense merci aussi à Carla, notre précieuse réviseuse

Chère Carla,

Nous tenons à te remercier du fond du cœur pour ton engagement exceptionnel depuis le début de notre projet d'écriture. Tu as été bien plus qu'une lectrice et une correctrice : tu as été notre coach, notre voix critique, notre œil inspirant et notre accompagnatrice. Semaine après semaine, tu nous as soutenues avec ton expertise et ta présence constante. Grâce à toi notre œuvre commune a atteint une qualité littéraire supérieure.

En partageant tes connaissances et le fruit de tes recherches personnelles, tu nous as ouvert de nouvelles perspectives. Ta pratique de la Méthode des 2 Points et ton intérêt pour la communication animale ont nourri nos échanges. Chaque rencontre avec toi était non seulement une occasion d'apprendre mais aussi un moment d'inspiration et de croissance commune.

Nous tenons également à te remercier pour la rédaction des notes de bas de page et des biographies succinctes des personnalités marquantes citées dans ce livre. Nous avons apprécié ta capacité à jongler avec tous ces sujets complexes.

Pour nous, tu es une personne extraordinaire, qui n'a pas compté ses heures pour nous offrir le meilleur d'elle-même. Ta générosité et ton engagement nous ont été d'une aide inestimable. Un grand merci pour ta patience et ta foi inébranlable en notre projet.

Merci, Carla, de cœur à cœur.

Avec toute notre gratitude,
Frauke et Sandrine

56. L'Appel de la Lumière : Éveillez et Transformez votre Monde Intérieur

À la fin de notre voyage à travers les mystères de la Méthode des 2 Points, il est temps de présenter une praticienne et formatrice remarquable de cette méthode au sein de l'équipe de RESONANCE QUANTIQUE : Anémone Abline, une véritable fée quantique au grand cœur rempli de douceur, de créativité et d'imagination. Plus qu'une enseignante, elle est un être profondément humain, guidé par la lumière de l'amour et de la compassion.

Dans un moment d'inspiration profonde, Anémone a écrit une histoire touchante, un conte empreint de sagesse et de lumière, qu'elle nous offre ici. C'est le "Conte des 4 Étoiles et des 4 Épées de Lumière", accompagné d'une puissante application de la M2P, invitant chacun à se reconnecter à sa propre souveraineté intérieure. Ensemble, nous ouvrons avec cette application les portes à la lumière, dissipons les ténèbres en nous-mêmes et contribuons à l'éveil de la "Nouvelle Terre".

La phrase "Et il y eut un nouveau ciel et une nouvelle terre" fait écho à la Bible (Apocalypse 21:1).

Introduction

Le terme "Souverain" évoque le pouvoir ou le droit qu'a une nation, un État ou un individu de déterminer son propre destin. La souveraineté, c'est incarner son pouvoir personnel, c'est être en connexion profonde avec soi-même.

Il est temps de changer de perspective et de devenir l'acteur principal de votre propre transformation. En suivant l'exemple du héros de ce conte, vous pouvez ancrer en vous les quatre épées de lumière : l'épée de tendresse, l'épée de joie, l'épée de paix et l'épée d'amour. Ces épées éveilleront les graines de lumière dans votre cœur, capables de dissoudre vos peurs, qu'elles soient individuelles ou collectives.

Ainsi, vous alimenterez votre Flamme intérieure, votre Étincelle divine, et vous vous reconnecterez à votre souveraineté véritable, à votre essence profonde, à qui vous êtes vraiment.

Le conte des 4 étoiles et des 4 épées de lumière – Anémone

En ce temps-là, est un royaume où la peur règne en maître. Nul n'a jamais rencontré le roi, mais tous le connaissent intimement, comme s'il habitait chez eux, en eux :

Certains ont la gorge nouée, d'autres la peur au ventre...

Certains sont figés, bloqués, d'autres sont en colère...

Certains avancent en mode automatique, d'autres font n'importe quoi, semblant perdre toute cohérence...

Certains même secondent le roi, lui facilitent la tâche...

TOUS ont peur et le pensent invincible, tout-puissant.

La légende dit qu'au cœur du royaume, est une Flamme, claire, lumineuse et étincelante, que le roi a encerclée de murs solides afin que tous l'oublient.

Mais chaque nuit, la Flamme éclaire la voûte du ciel, révélant les étoiles, les astres, les galaxies…

Elle rayonne si fort que ses étincelles montent dans le ciel. Et le ciel semble lui répondre, quand parfois, il pleut une étoile.

Cette nuit-là, une étoile de tendresse s'échoue dans le royaume à côté du mur encerclant la Flamme.

Au petit matin, je découvre cette étoile et, saisi d'émerveillement, je ne peux m'empêcher de la toucher.

Instantanément, je me souviens d'un temps ancien où, enfant, je recevais toute la tendresse de ma mère.

Dans mon cœur se diffuse alors une onde de douceur, colorée et parfumée… Irradiant bien au-delà de mon cœur, cette magnifique onde de tendresse transforme l'étoile en épée de lumière.

Une ample respiration déploie mes poumons, et mes mains saisissent cette épée de tendresse et l'ancrent profondément dans la Terre, au pied du mur.

Tout un pan de mur devient alors transparent, révélant la Flamme du cœur du royaume.

L'épée, comme une graine de lumière, disparaît dans les bras tendres de la Mère-Terre. La Flamme révélée est de toute beauté et brillante...

Comme quelqu'un s'approche, je m'éloigne rapidement.

Toute la journée, des vagues de tendresse sont ressenties dans tout le royaume. On entend dire que le roi lui-même, pour la première fois depuis longtemps, pose de la tendresse dans son regard.

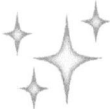

La nuit suivante, je me rends près de la Flamme ; tous peuvent en voir une partie, et certains courageux sont venus dormir à côté d'elle.

Au milieu de la nuit, alors que tous dorment, sous mon regard plein de tendresse, la Flamme redouble d'intensité, projetant ses étincelles vers le firmament. Une nouvelle étoile s'échoue au pied du mur.

En conscience, je décide de renouveler l'expérience. Je touche cette deuxième étoile et suis transporté dans un temps ancien... Témoin de la joie sur les visages d'amis rassemblés pour une fête... Les sourires, les rires, les regards pétillants et mon propre sourire et cette joie qui chante dans toutes les cellules de mon corps...

Dans mon cœur, se diffuse alors toute cette joie qui, irradiant de moi, transforme l'étoile en épée de lumière, que je plante aussitôt, avec vigueur et légèreté, dans la Terre.

Instantanément, un autre pan de mur devient transparent, révélant un peu plus de la Flamme.

L'épée de Joie, comme une graine, est à son tour absorbée dans la Mère-Terre.

Une onde de joie commence à se répandre dans tout le royaume. Et le roi lui-même, pour la première fois depuis longtemps, se surprend à se réjouir d'être là et vivant en son royaume.

Et la nuit suivante, devinez où je vais ? De plus en plus de monde s'installe près de la Flamme. Tous s'endorment et rêvent de leur journée écoulée, où ils ont senti cette tendresse et cette joie pousser en eux et autour d'eux.

Je veille, vous vous en doutez, et suis témoin de l'arrivée de la troisième étoile. Elle se pose de l'autre côté du mur. En hâte, je m'y rends. Là, je suis freiné, mon cœur a besoin de respirer profondément. Je me sens vibrant, et c'est avec une infinie tendresse et la joie au cœur que j'entre en contact avec cette troisième étoile.

Je suis instantanément entouré d'un manteau de quiétude, et cela me ramène dans un temps ancien, dans ce magnifique paysage baigné de soleil où les oiseaux chantaient un chant clair, où les feuilles bruissaient doucement dans une brise légère, où l'harmonie régnait et se diffusait.

Sous mes mains, je sens l'étoile devenir épée de lumière et, dans un geste lent et aligné, je plante cette épée de paix dans la Terre.

Une troisième partie du mur devient transparente et révèle encore plus la Flamme.

Tous se réveillent ici et là dans le royaume, baignés de paix dans la lueur du nouveau jour.

On raconte que le roi est venu déposer ses armes au pied du mur restant, devant la Flamme. Elles sont devenues lumineuses avant d'être absorbées par la Mère-Terre, comme des graines de lumière.

Un brouillard gris se dissipe, et tous peuvent découvrir le roi. Assis contre le mur, il a dormi toute la journée. Personne n'ose le réveiller, tant il paraît en paix.

Et le roi n'est pas le seul à se délester de son brouillard…

La nuit venue, tout le royaume est autour de la Flamme et le roi, reposé, vient s'asseoir parmi nous tous. L'assemblée est calme et joyeuse. Les regards voyagent et reviennent souvent à la Flamme, vigoureuse et pétillante, joyeuse et tendre.

Tous restent éveillés, dans une attente douce, sans tension, dans une ouverture confiante.

Alors, la Flamme s'expanse, diffusant tendresse, joie et paix dans toutes les directions, communiquant avec les étoiles et l'Univers.

Une pluie d'étoiles s'échoue aux pieds de chacun, et je touche l'étoile devant moi. Chacun fait de même. Une vague d'Amour envahit les cœurs. Toutes les mémoires originelles se présentent.

L'étoile se transforme en épée de lumière, que je plante dans la Terre. Tous les murs entourant la Flamme s'évaporent.

L'Amour infini émanant de la Flamme nous traverse tous.

Quand j'ouvre les yeux, je suis seul dans le jardin. Je suis l'arbre et la feuille, je suis l'oiseau et le chant de l'oiseau, je suis le Soleil et je suis la Terre, je suis toi et je suis moi, je suis le Roi et le Royaume, je suis le souverain et la souveraineté.... Je suis maître de mon destin. Et tout est Amour.

Un conte écrit par Anémone ABLINE
de cœur à cœur

Module M2P : Application du conte des 4 étoiles et des 4 épées de lumière

Je me reconnecte à ma propre Souveraineté

- Thème : Reconnexion à ma Souveraineté
- Tout est énergie, lumière et information
- Je suis consciente de mes 2 mains en même temps.
- Et je prends un 3e point, mon cœur
- Espace de joie et de gratitude, toujours là en moi
- Je dis intérieurement : "Mon cœur salue le grand cœur Divin"
- Je relie consciemment le thème avec ma main gauche
- Dans ma main droite, j'intrique les intentions suivantes :

1e Intention : Par l'épée de Tendresse, je me libère de tous mes attachements à la peur individuelle et collective.
ACTIVATION

2e Intention : Par l'épée de Joie, je me libère de tous mes attachements à la peur individuelle et collective.
ACTIVATION

3e Intention : Par l'épée de Paix, je me libère de tous mes attachements à la peur individuelle et collective.
ACTIVATION

4e Intention : Par l'épée d'Amour, je me libère de tous mes attachements à la peur individuelle et collective.
ACTIVATION

5e Intention : J'ancre en mon royaume la Tendresse, la Joie, la Paix et l'Amour, et mon cœur rayonne sa lumière originelle. Je retrouve ma souveraineté. Je Suis !
INTÉGRATION

- J'éprouve de la joie et de la reconnaissance car "Tout est déjà là".
- Je suis attentif aux émotions et sensations de mon corps.
- Je dis intérieurement : *"En accord avec la vibration de l'âme et le plan de l'Esprit"*.

Anémone ABLINE (France) –
Tél. 0033 6 62 58 88 95

Relaxologue depuis 30 ans, puis Psycho-énergéticienne aux multiples outils (Reiki New Paradigm MDT, école Écoute Ton Corps, EFT, Matrix Reimprinting...), je découvre avec joie, en 2019, la Méthode des 2 Points, la technique qui, pour moi, sous-tend toutes les autres, par ses origines qui traversent les âges, sa magie, sa simplicité et son efficacité.

Je me reconnais aujourd'hui Éveilleuse de conscience : "Quel amour t'accordes-tu ?" et "Quel amour rayonnes-tu ?" sont les interrogations au cœur de mon accompagnement.

Je pratique en présentiel (Maine-et-Loire et Loire-Atlantique) ou à distance :

- Soins individuels
- Stages et formations : M2P, Constellation d'aspect, Vibrer la fréquence de l'amour, Les Sentiers de l'intuition...

www.dimensionscoeur-49.fr

anemone.abline@orange.fr

57. Les Stages et les Formations pour aller plus loin : Une Expérience Transformatrice !

Les stages de la Méthode des 2 Points vont bien au-delà d'une simple formation. Ils offrent une immersion totale dans le champ quantique, ouvrant la porte à des transformations personnelles profondes. Que vous soyez thérapeute ou en quête de développement personnel, ces stages proposent une opportunité unique d'explorer et de maîtriser une pratique à la fois puissante et accessible.

Dès le début vous serez plongé dans la pratique. Même si la méthode repose sur des concepts de physique quantique, elle est étonnamment simple à comprendre et à appliquer. Pas besoin d'être scientifique, tout se fait à partir du champ du cœur. Dès la première matinée du niveau 1 vous aurez déjà reçu et donné un soin (le Module de Base).

Au fil de ces deux jours de formation vous découvrirez des modules supplémentaires, faciles à intégrer dans votre quotidien. Le second jour se terminera par des visualisations quantiques ouvrant des perspectives nouvelles et inspirantes. En seulement 14 heures, vous vivrez une transformation personnelle profonde et repartirez avec un outil concret en main et une conscience élargie. Il y a un "avant" et un "après" le stage. Pour les thérapeutes, c'est une méthode enrichissante et compatible à ajouter à leur pratique mais c'est surtout une technique applicable à tous les aspects de notre vie.

La Méthode des 2 Points ne se limite pas à des techniques pratiques, elle ouvre les portes vers une nouvelle façon de vivre et de voir le monde. C'est une invitation à se reconnecter à notre essence divine, à la sagesse du cœur.

Pour aller plus loin, d'autres stages en présentiel sont disponibles chez RESONANCE QUANTIQUE, offrant une boîte à outils encore plus complète. Et pour ceux qui ne peuvent pas se déplacer, des formations par Zoom, les "Formules" à distance, permettent de vivre l'expérience de la M2P où que vous soyez. Il vous est également proposé des "Formations chez Soi" en ligne pour apprendre la Méthode des 2 Points à votre rythme. Grâce aux vidéos et livrets téléchargeables, vous serez guidé pas à pas dans la découverte et l'apprentissage de la méthode.

Enfin, pour les amis des animaux, nous avons créé deux formations spécifiques pour prendre soin de vos compagnons avec la M2P. Ces formations, composées de vidéos et de textes, sont accessibles à tous. Frauke vous guide dans l'apprentissage du Module de Base. Ensuite vous pourrez pratiquer les modules spécifiques conçus pour cette formation et faire des soins sur les animaux et sur vous-même. De nombreux textes vous accompagnent également pour mieux comprendre les animaux :

- Formation "M2P et les Animaux" niveau 1
- Formation "M2P et la Communication Animale" niveau 2

https://www.resonance-quantique.com/formation-en-ligne/

Comme praticienne et formatrice de la Méthode des 2 Points et de la Communication Animale, je vous propose des soins pour les personnes et les animaux, des communications et différentes formations en présentiel ou à distance. Si vous souhaitez me contacter directement, voici mes coordonnées :

Sandrine Lebay – Haute-Savoie – FRANCE

Tél. : 0033 6 85 59 00 88

Email : sandrine.lebay@gmail.com

Site Web : https://www.lesresonancesdegaia.com/

Sandrine Lebay sur Facebook :
https://www.facebook.com/gwen.espritetho

et les Résonances de Gaïa sur Facebook

https://www.facebook.com/profile.php?id=100068063301783

Instagram : Les Résonances de Gaïa

Chaîne YouTube : Les Résonances de Gaïa.

58. Frauke et RESONANCE QUANTIQUE

Une réflexion sur l'Être

Qui suis-je ?

Je suis celle que je suis,
Un champ des possibles,
Expression d'une idée,
Acte en mouvement,
Parole vibrante,
De cœur à cœur je chante.

Je suis l'expression de la création,
Créatrice moi-même, pleine d'inspiration,
Femme, mère, fille et quoi ?
Perdante et gagnante à la fois,
Écran de projections et rôle à jouer,
Le néant et le tout, rassemblés.

Fondatrice de RESONANCE QUANTIQUE,
Manager, coach et formatrice,
Humus pour les plantes qui veulent pousser,
Sage-femme pour le corps de lumière en chemin,
Vague d'amour, avec une fraîche bruine,
Dans le flot de la vie, une âme féminine.

Je suis toi, je suis nous, une cellule du grand tout,
Une galaxie dans l'engrenage de l'univers,
Un profond océan, la conscience dans l'instant,
Un moment d'éternité, dans un monde en changement.

De Cœur à Cœur
Frauke

Le mouvement de RESONANCE QUANTIQUE est né en 2011

Si ce livre t'a plu, je t'invite chaleureusement à t'inscrire à notre newsletter de RESONANCE QUANTIQUE.

https://www.resonance-quantique.com/contact/inscription-newsletter/

Plus de 500 vidéos sur notre chaîne YouTube en 4 langues sur la Méthode des 2 Points et d'autres sujets inspirants dans la joie et la gratitude :

https://www.youtube.com/@Weltenlasser/videos

Ici, tu trouveras les actualités sur Facebook :

https://www.facebook.com/ResonanceQuantiqueM2P

Tu souhaites toi-même apprendre la Méthode des 2 Points, la pratiquer régulièrement et/ou intégrer cet art de vivre dans ta vie quotidienne ? Nos formations M2P-ZOOM t'apportent ce cadeau du ciel directement chez toi. Informe-toi sur nos thèmes passionnants qui se renouvellent constamment – Formule 1-2-3-4 ...

https://www.resonance-quantique.com/formations-zoom/

STAGES Méthode des 2 Points :

https://www.resonance-quantique.com/stages-m2p/

Frauke Kaluzinski – Allemagne

Tél. : +49-160 459 7247

Email : frauke@resonancequantique.com

www.resonance-quantique.com

www.2point-holoapplication.com

www.quantenheilung-2punkt.de

www.2punkt-onlineschule.de

Ce voyage ne fait que commencer. Rejoins-nous dans nos stages ou formations en ligne pour explorer davantage. Nous avons hâte de t'y retrouver !

Les formateurs et formatrices de
RESONANCE QUANTIQUE

Autres publications de livres de Frauke :

Reconnaître les Espaces Quantiques (2012)
ISBN 978-2-8106-2511-6

Quantenräume erkennen und anwenden (2011)
ISBN 978-3-8423-8086-8

Weltenhasser – Weltenwasser – Weltenlasser (2010)
ISBN 978-3-8391-4804-4

59. Biographies des Personnalités marquantes citées dans ce livre

Nassim Haramein (né à Genève en 1962)

Nassim Haramein, autodidacte et visionnaire, audacieux dans son approche de la physique alternative, mène ses recherches en marge des institutions académiques traditionnelles et des normes scientifiques établies. Son indépendance lui vaut des idées uniques et fascinantes ; sa vision holistique relie tous les domaines scientifiques (physique et mécanique quantique, mathématiques, géométrie, cosmologie, biologie, chimie, anthropologie et archéologie). Figure emblématique de la recherche scientifique non conventionnelle, il a développé un modèle de l'univers holographique fractal unifié, en se basant sur une géométrie fondamentale de l'espace qui nous connecte tous. Cherchant à unifier les forces fondamentales de l'univers dans une théorie globale, il a élaboré la Théorie du Champ Unifié.

Dès l'enfance, il s'est questionné sur la structure et la nature de l'univers, puis sur notre existence et la nature de la réalité ; il a aussi sondé les mystères de l'ancien et du moderne pour révéler les secrets de l'univers. Ses recherches explorent les forces fondamentales de l'univers, notamment la connexion entre gravité et électromagnétisme, la structure de l'espace-temps en tant qu'entité dynamique et interconnectée, ainsi que le rôle des trous noirs dans la constitution de la réalité.

Il a fondé divers instituts, dont la *Resonance Science Foundation* (RSF) en 2004, réunissant des physiciens, des mathématiciens et des ingénieurs afin d'explorer les principes de la physique unifiée et leurs applications, et de diffuser des enseignements à l'international. En 2023, la RSF devient l'*International Science Foundation* (ISF) où il mène des recherches avec ses équipes sur l'énergie du vide quantique et le contrôle de la microgravité.

Sa prédiction du rayon de charge du proton a été expérimentée et confirmée par l'Institut Paul Scherrer en 2013.

En 2016, il a réalisé un long-métrage, *The Connected Universe* (*L'univers connecté*) où il partage sa vision novatrice de l'Univers :

https://www.youtube.com/watch?v=6k7vZ6lMgwY

"Ce que nous croyons possible définit ce que nous sommes capables de créer"

Richard Bartlett (né en 1954)

Dès l'enfance, Richard Bartlett vit des expériences d'états de conscience modifiée lors d'événements qui auraient pu être traumatisants (accident, harcèlement scolaire…).

Suite à sa rencontre avec le Dr Jacques Rowe, chiropracteur de renom, il étudie la chiropraxie au Parker Chiropractic College de Dallas et obtient son diplôme en 1987. Cherchant à soigner son fils atteint de faiblesse immunitaire, il se forme également à de nombreuses autres techniques innovantes, dont la TBM (*Total Body Modification*) du Dr Victor Frank, technique qui apporte la guérison à son fils alors âgé de 3 ans. Richard pratique assidûment la chiropraxie dans le Montana de 1987 à 1996 (il organise aussi des séminaires à l'intention des chiropracteurs dès 1992), puis, afin d'approfondir sa pratique, décide de suivre parallèlement les cours de naturopathie à la Bastyr University of Naturopathic Medicine, où il obtient son diplôme de médecin naturopathe en décembre 2000.

En 1997, une expérience bouleversante avec une petite patiente qu'il réussit à guérir d'un dysfonctionnement oculaire par la force de la visualisation et l'énergie de ses mains, lui fait prendre conscience qu'il peut rétablir l'équilibre physique de ses patients simplement en effleurant le corps et en focalisant son attention sur le trouble incriminé. Dès lors, l'approche plus mécanique de la chiropraxie ne fonctionne plus pour lui, car une énergie nouvelle le traverse et s'impose dans les soins qu'il prodigue. Il développe sa pratique en vertu de ce nouveau paradigme, qui associe la science des énergies subtiles et de la physique quantique au pouvoir de l'imagination et de l'intention, défiant toute explication rationnelle et toute logique.

Afin de partager son expérience de ces phénomènes aux millions d'individus en quête d'autonomie dans le monde où nous vivons, de plus en plus impersonnel et dénaturé, Richard Bartlett écrit en 2009 "The Physics of Miracles" – "La Physique des Miracles – Pénétrez dans le champ du potentiel de la conscience" (2011), expliquant comment allier la science des énergies subtiles et l'imagination, une pratique ne requérant aucun entraînement spécial, pour induire des transformations rapides et accéder à des niveaux de puissance et de conscience supérieurs. Il s'agit de développer notre acuité sensorielle pour percevoir les forces et les champs énergétiques qui parcourent nos corps à tout instant.

Richard Bartlett nomme la méthode qu'il développe et enseigne "Matrice énergétique" (*Matrix Energetics*), également le titre de son premier livre, paru en anglais en 2007, où il raconte son histoire, ses découvertes dans le "champ énergétique du point zéro" (que nous nommons simplement "champ", "champ quantique" ou "champ des possibles" en M2P), et explique comment interagir avec ce champ et utiliser les énergies subtiles, comment accéder aux informations utiles présentes dans le champ et les intégrer, selon la notion de "résonance morphique" développée par Rupert Sheldrake. Il nous fait prendre conscience que nous sommes par essence des structures de lumière et d'informations, ce qui nous permet d'interagir avec ce champ énergétique et d'en tirer toute la force de l'esprit indivisible, le UN primordial ; nous modifions ainsi la façon dont nous percevons et vivons la réalité qui nous entoure (c'est une manière d'être, pas une technique) et pouvons accueillir un possible différent, susceptible de neutraliser les conditionnements reçus.

Au niveau pratique, l'outil de base de tout ce qui est réalisé à travers la Matrice énergétique est la *technique en deux points*, où on place les doigts de chaque main sur deux points (sur des objets, le corps du patient ou soi-même, des localisations…) et on les relie par un vecteur virtuel, intriquant les photons, en ressentant la connexion et en se concentrant sur le processus. Le protocole de base de la M2P part du principe de cette technique et y ajoute la dimension du champ du cœur – et de la SOURCE !

Site web : https://www.matrixenergetics.com/

https://www.matrixenergetics.com/our_teachers.aspx (Richard Bartlett)

Dr Ulrich Warnke (né en 1945)

Dr Ulrich Warnke est un scientifique interdisciplinaire de la vie allemand reconnu pour ses travaux dans les domaines de la biologie, de la physique, de la géographie et de la pédagogie. Il a étudié à l'Université de la Sarre, où il a obtenu son doctorat en 1973 et poursuivi une carrière académique. Il y a enseigné la biomédecine, la médecine environnementale et la biophysique ; responsable du Département de génie biomédical, il a construit des appareils de thérapie et de diagnostic. Depuis mars 2010, il est à la retraite mais reste actif dans la communauté scientifique et spirituelle.

Warnke s'est spécialisé dans l'étude des vibrations et des champs électromagnétiques, en particulier de la lumière, et de leurs effets sur les organismes vivants. Ses recherches incluent également la philosophie quantique, un domaine où il tente de relier les résultats et les expériences de la physique quantique avec les expériences spirituelles. Ces connexions sont souvent controversées car elles transcendent les frontières traditionnelles entre science et spiritualité. Warnke s'est donné pour mission de rendre les concepts scientifiques complexes accessibles à un large public. Ses livres et conférences sont connus pour leur capacité à présenter des sujets profonds et souvent difficiles de manière compréhensible et applicable.

Dans son ouvrage *"Grundlagen der Heilung im Quantenfeld von Geist, Körper und Seele"* ("Les Fondements de la guérison dans le champ quantique de l'esprit, du corps et de l'âme"), Warnke explore les convergences entre les anciens enseignements secrets, les découvertes neurobiologiques et son concept de "l'Intermonde". Cet Intermonde est décrit comme une Conscience Quantique intelligente et en activité continue, profondément enracinée dans la structure de la matière. L'auteur soutient que cette conscience influence à la fois les formes des ondes physiques de la matière et les ondes immatérielles de l'esprit, qui façonnent nos pensées et nos émotions.

Warnke voit dans la philosophie quantique une clé pour la guérison holistique. Il affirme que la compréhension des interactions entre l'esprit, le corps et l'âme, soutenue par les découvertes des neurosciences modernes et de la physique quantique, permet de vivre de manière plus consciente et plus saine. Parmi les points clés qu'il aborde, figurent l'importance de la santé psychosomatique, le contrôle du corps physique par la conscience et le rôle de l'esprit dans la capacité de perception et l'autoguérison.

En plus de son travail scientifique, Warnke est un auteur à succès et un conférencier recherché en Allemagne. Ses conférences et séminaires, où il explique les relations complexes entre biologie, physique quantique et connaissances spirituelles, attirent un large public, allant des scientifiques aux personnes en recherche spirituelle. En tant que membre fondateur de la *Gesellschaft für Technische Biologie und Bionik e.V.* (Société de Biologie Technique et de Bionique), il s'est également engagé à promouvoir les échanges interdisciplinaires.

Le Dr Ulrich Warnke demeure une figure centrale dans la discussion sur les liens entre la science moderne et les anciens enseignements spirituels, s'efforçant d'élargir les frontières du savoir humain et de construire des ponts entre différents mondes. Ses travaux offrent non seulement des aperçus sur les mécanismes de la vie, mais incitent également à vivre de manière plus consciente et épanouie.

Parmi ses nombreuses publications, il est également l'auteur du livre *"Quantenphilosophie und Spiritualität"* (Philosophie Quantique et Spiritualité), publié en 2010, qui explore les points communs entre les sciences quantiques et les expériences spirituelles.

Dr Frank J. Kinslow né en 1946.

Enfant, Frank Kinslow a vécu au Japon où il pratiquait déjà le judo et des techniques de paix intérieure. Plus tard, il apprit la méditation transcendantale auprès du maître Maharishi et l'enseigna dès le début des années 1970, avant de créer son propre groupe spirituel dans les années 1980, parallèlement à sa pratique professionnelle de chiropraticien. Il abandonna toutefois ces deux activités dans les années 1990.

Ce n'est qu'en 2007, à plus de 60 ans, lors d'une profonde crise personnelle où il s'est retrouvé totalement démuni, qu'il découvrit en lui la source du bonheur, qu'il baptisa *"Eufeeling"*, une contraction des mots *"Euphoria"* et *"Feeling"*

(Euphorie et Sentiment). Mû par un besoin de partager cette découverte, il se consacre depuis lors à l'enseignement et à l'écriture de livres d'une grande clarté et simplicité, qui ont rencontré d'emblée un vif succès. Des milliers de personnes à travers le monde ont ainsi découvert l'*Eufeeling*, réalisant le vœu de Frank Kinslow d'apporter au monde les bienfaits de sa méthode de guérison et de bonheur. Parmi ses livres, citons *"La guérison quantique : le pouvoir de la conscience pure" (2012)*, *"Eufeeling : L'art de la paix intérieure" (2014)*, *"Quand Rien Ne Marche... Apprenez à ne rien faire" (2015)*, *"Le système quantique de Kinslow" (2015)*.

Par son enseignement du *Quantum Entrainment* (entraînement quantique), Frank Kinslow entend favoriser l'accès à la "Conscience Pure", cet état de pleine conscience et d'éveil apte à nous guider vers les meilleurs choix de vie, en abandonnant le contrôle du mental et de l'égo. Il s'agit d'ouvrir une voie directe à travers nos gènes, en augmentant la production des molécules biochimiques du bonheur, pour stimuler la guérison naturelle et le bonheur authentique, bonheur et guérison étant inséparables. Que l'on parte d'un problème physique ou émotionnel, la guérison englobera l'être dans son entier. Le bonheur est un mécanisme de survie nécessaire intégré dans nos gènes, et ce mécanisme est exploité directement pour stimuler rapidement une véritable guérison, un vrai bonheur.

Dans cette pratique, il s'agit aussi de ne rien faire, ne rien attendre, juste ressentir. La méthode de guérison par triangulation, où après avoir formulé une demande, on pose deux doigts sur un muscle avant de porter son attention en même temps sur ces deux points et sur le ressenti intérieur, s'apparente au protocole de base de la M2P.

Site web (en anglais) : https://kinslowsystem.com/

Bert Hellinger (1925–2019)

Philosophe, théologien, pédagogue et psychothérapeute allemand, il a développé dans les années 80 la Constellation Familiale, une méthode de thérapie personnelle, familiale et systémique.

Anton Hellinger passa sa jeunesse à Cologne ; il étudia la philosophie, la théologie et la pédagogie avant de se faire ordonner prêtre, sous le nom de Frère **Suitbert**, dans l'ordre des Missionnaires Marianistes. Pendant 16 ans, il dirigea des écoles en Afrique du Sud, où il se familiarisa avec les coutumes et rituels des Zoulous. Il quitta la prêtrise en 1971 et se maria, en adoptant le nom de **Bert Hellinger** (diminutif de Suitbert). Il se forma à la psychanalyse, à la psychothérapie et aux thérapies corporelles, familiales et de groupes ; il approfondit ses connaissances en se formant également, entre autres, à l'hypnothérapie auprès de Milton Erikson, au Cri Primal avec Arthur Janov, à l'Analyse transactionnelle d'Eric Berne, la Gestalt Therapie, la PNL...

Lors de séances de Cri primal organisées chez lui, Bert Hellinger s'aperçut que des personnes changeaient de visage, ce qui l'amena à la notion d'identification (ou d'intrication), où nous adoptons des comportements rappelant des êtres qui ont été exclus de la conscience familiale et dont nous ignorons l'existence. Certains états émotionnels ne pouvaient en effet venir du seul vécu des personnes concernées. C'est ainsi qu'il développa dans les années 1980-1990 "les Constellations familiales et systémiques selon Bert Hellinger", qui prirent rapidement un essor mondial.

S'il n'est pas à l'origine des constellations familiales, dont il connut l'existence aux Etats-Unis, c'est lui qui, en observant les phénomènes apparaissant lors de ces constellations familiales, a catégorisé les règles d'ordre systémiques dans une famille (les "Ordres d'amour"), avec trois niveaux de conscience : la conscience individuelle (qui cherche à appartenir au système familial en suivant les règles du clan), le système familial (et ses trois règles : inclusion, préséance, équilibre), et le super-système (le champ de force ou morphogénétique, la grande âme, le grand tout, le grand esprit...) à l'œuvre lors d'une constellation familiale. Laissant les représentants suivre leurs mouvements spontanés, l'animateur reste le plus neutre possible, sans intention, dans la perception pure. Cela permet aux participants de prendre conscience qu'il n'est jamais trop tard pour vivre heureux, qu'ils peuvent trouver leur propre place et ainsi ouvrir de nouvelles perspectives et capacités de réalisation en libérant les croyances héritées et les identifications inconscientes qui bloquent le mouvement naturel vers la vie, l'amour, la pleine conscience, le respect...

Bert Hellinger est le père des Constellations Familiales et Systémiques telles qu'elles sont pratiquées aujourd'hui. Depuis son décès en 2019, son épouse Sophie perpétue ses valeurs et le développement de son enseignement, qui est dispensé par la Hellinger® Schule.

Nominé pour l'obtention du Prix Nobel de la Paix en 2011, Bert Hellinger est l'auteur de 110 livres, dont le plus récent traduit en français est : "La Constellation familiale, psychothérapie et cure d'âme" (2006).

Site officiel (en anglais) : https://www.hellinger.com/en/

Prof. Dr Hans-Peter Dürr (1929–2014)

Il est difficile de résumer la biographie de Hans-Peter Dürr au vu de la richesse et des implications de sa sensibilité et de son interdisciplinarité. Dans le domaine scientifique, après son diplôme de physique à Stuttgart et son doctorat en 1956 à Berkeley (où il travailla sur l'anti-matière), il a mené des recherches en physique nucléaire, en physique quantique, en physique des particules élémentaires et sur la gravitation, notamment durant ses années de collaboration avec Werner Heisenberg (1958-1976). Il fut directeur au Max-Planck-Institute für Physik, parallèlement à ses enseignements à l'Université de Munich jusqu'à sa retraite en 1997.

Humaniste dans l'âme, et probablement influencé par sa douloureuse expérience de très jeune soldat dans l'armée allemande durant la Seconde Guerre mondiale (il s'interroge : "Qu'avons-nous laissé faire ?"), il s'est consacré aux questions épistémologiques et de responsabilité scientifique, socio-politiques et philosophiques, et a milité activement pour la paix et le désarmement, pour l'environnement et pour le droit des peuples à disposer d'eux-mêmes. Écologiste convaincu, il a été membre de Greenpeace Allemagne, a milité contre l'énergie nucléaire et a mis sur pied des groupes d'étude sur des énergies "douces" et des plans énergétiques communautaires dans plusieurs universités. Dans une perspective holistique, il a su transformer les idées abstraites de la nouvelle physique en un langage riche et imagé applicable à la réalité socio-politique de notre temps. En d'autres termes, il a su identifier et mettre en œuvre son pouvoir co-créateur.

Parmi de nombreuses distinctions de haut niveau, Hans-Peter Dürr a reçu, pour son travail visant à utiliser les technologies avancées à des fins pacifistes, le Prix Nobel Alternatif de la *Right Livelihood Foundation* en 1987, après avoir fondé le *Global Challenges Network* (GCN) œuvrant pour la paix et l'écologie. Il était membre du Club de Rome et a rejoint le Conseil Mondial du Futur en 2007. Il est l'auteur de plusieurs centaines de publications dans tous ses domaines de recherche et d'action.

https://globalchallengesnetwork.de/home

https://hanspeterduerr.de/home (sites en allemand)

"Nous avons scié assez longtemps les branches sur lesquelles nous sommes assis, il est maintenant temps de redéfinir notre place dans la nature."

David Bohm (1917-1992)

David Bohm a apporté de nombreuses contributions essentielles à la physique quantique, la physique théorique, la philosophie et la neuropsychologie. Ses recherches philosophiques l'ont mené bien au-delà des conceptions purement scientifiques de la physique, reliant inextricablement la science à la perception et la psychologie humaines, et apportant des éléments de réponse à d'autres physiciens et scientifiques de son époque, dont Albert Einstein et Karl Pribham avec lesquels il collabora. Outre les méthodologies scientifiques, ses domaines d'intérêt et d'exploration couvraient un large éventail : linguistique, neuroscience, métacognition, histoire des civilisations, spiritualité... et le menèrent à des échanges avec des artistes, des biologistes, des philosophes et des maîtres spirituels (il se lia d'amitié avec Jiddhu Krishnamurti et le Dalaï Lama).

Bohm ne voyait pas de séparation entre science et philosophie, entre conscience et matière, et il questionna l'ensemble de la pensée humaine et le langage utilisé pour décrire la réalité, comprenant qu'il faut dépasser l'interférence de nos processus cognitifs incohérents pour comprendre les origines des conflits et de l'irrationnalité humaine et aboutir à un véritable dialogue. Le "Dialogue de Bohm", association libre pratiquée en groupe, vise ainsi à la compréhension mutuelle et l'exploration de la pensée humaine.

Son exploration alternative de la mécanique quantique initiée en 1952 le mena en 1971 à sa Théorie de l'Ordre Implicite, qu'il explique dans son livre *Wholeness and the Implicate Order* (*La Plénitude de l'Univers*) :

"Dans l'ordre implicite (ou implié), l'espace et le temps ne sont plus les facteurs dominants qui déterminent les relations de dépendance ou d'indépendance entre les éléments. Un type entièrement différent de connexions fondamentales est possible, dont nos notions ordinaires de temps et d'espace, ainsi que celles relatives à des particules existant séparément, deviennent des abstractions de formes dérivées d'un ordre plus profond. Ces notions ordinaires apparaissent dans ce qui est appelé l'ordre explicite (ou déplié), qui est une forme spéciale et distincte contenue dans la totalité générale de tous les ordres implicites (impliés)."

Dans cette perspective, l'esprit et la matière sont perçus comme des projections dans notre ordre explicite de la réalité sous-jacente, l'ordre implicite.

Nous tenons à vous remercier de tout cœur. Cette photo a été prise en Allemagne chez Frauke en été 2024 pendant les trois semaines de finalisation de ce livre. Nous sommes fières et heureuses de la partager avec vous et d'intégrer ces moments dans notre ouvrage.

Nous sommes reconnaissantes d'avoir pu vous faire découvrir de nombreuses expériences à travers nos recherches et réflexions dans ce livre. Nous savons que cela ne fait qu'effleurer la surface de quelque chose de bien plus grand – c'est le début d'un voyage vers les potentialités et capacités infinies de l'être humain pour revenir à sa véritable souveraineté et à l'héritage divin qui est le nôtre.

Avançons ensemble – de nombreuses découvertes cachées nous attendent encore. Pour nous, écrire ce livre et le publier est une expérience extraordinaire. Nous vous invitons chaleureusement à continuer de découvrir l'inconnu et à réaliser que "TOUT EST DÉJÀ LÀ, TOUT EST DÉJÀ RÉALISÉ" 😊😊

Avec amour et gratitude,
Frauke et Sandrine

Témoignage de Flo

03 avril 2024

J'ai suivi plusieurs formations Zoom M2P et je peux affirmer que je n'ai jamais été aussi impatiente du rendez-vous suivant ! Les enseignantes et groupes sont bienveillants, passionnants et très porteurs. Les changements dans la vie sont concrets et immédiats. Lorsqu'une formation se termine, c'est un regret que ce soit déjà fini, aussi, au vu des pépites reçues, le groupe a décidé de refaire le programme sur la base des enregistrements et résumés reçus après chaque réunion. Et là encore la magie opère : c'est à chaque fois un cadeau, plus grand que mon coeur ! MERCI pour cette magnifique formation qui (re)donne du sens à la Vie.

Ronan

02 mars 2024

J'ai eu la chance de suivre le cycle complet des trois formations de la communication animale M2P avec Aurélie et Sandrine. Cette formation est allée au-delà de mes espérances car elle m'a permis d'ouvrir et d'activer mes perceptions (claire audience, claire voyance...) et surtout de mieux me connaître et de m'étonner des capacités cachées en moi qui ne demandaient qu'à être activées.

Au fur et à mesure des semaines de formation j'ai pu voir à quel point les communications avec les animaux étaient de plus en plus claires. Les nombreux cas pratiques, les échanges avec les participants et les retours des communications permettent de prendre confiance en soi car on s'aperçoit que nous captons les mêmes informations.

Pendant le niveau 3, ce sont des communications très riches et sages avec les animaux que j'ai pu avoir. Les animaux ont tant de choses à nous apprendre...

Un grand merci à Aurélie et Sandrine pour votre travail et votre implication.

Ronan

Dominique
08 novembre 2022

Niveau 1 de la M2P le 5 et 6 novembre 2022 à Souleyourt.

Schön, Schön, Schön ce grand bac à sable !

Tout est déjà là, tout est déjà réalisé.

J'ai dans la tête et le cœur d'autres "mantras", mais c'est surtout le charisme de Frauke, avec sa joie, son humour et son délié corporel, qui me fait "réaliser" les bienfaits de la M2P. Elle l'incarne à 100%, c'est le top de l'enseignement authentique !

J'ai bien compris ce qu'est le "champ" et je compte y jouer le plus possible. Gratitude totale. Pour Frauke, pour toutes ses fées devenues formatrices et le lieu du stage qui était juste paradisiaque !

De Coeur à Coeur !

Dominique

RESONANCE QUANTIQUE
La variante optimale

La Méthode des 2 Point(s)

Connaissance et Pratique de Transformation Quantique

Séminaires : 1, 2, 4... jour(s)
E-learning : Formation chez soi
Webinaires : Conférences en ligne
Programmes individuels

www.resonancequantique.com
info@resonancequantique.com